하느님의 뜻에 일치하는 삶

Uniformity with God's Will

St. Alfonso M. de Liguori

Copyright © 1952 by Tan Books and Publishers
Korean translation Copyright © 1999 by ST PAULS, Seoul, Korea

하느님의 뜻에 일치하는 삶

초판 발행일 2014. 2. 14
1판 7쇄 2024. 5. 20

글쓴이 성 알폰소 마리아 데 리구오리
옮긴이 남용욱
펴낸이 서영주

펴낸곳 성바오로
출판등록 7-93호 1992. 10. 6
주소 서울특별시 강북구 오현로7길 20(미아동)

취급처 성바오로보급소 **전화** 944-8300, 986-1361
팩스 986-1365 **통신판매** 945-2972
E-mail bookclub@paolo.net
인터넷 서점 www.**paolo**.kr
www.facebook.com/**stpaulskr**

책값은 뒤표지에 있습니다.
ISBN 978-89-8015-828-7
교회인가 서울대교구 2014. 1. 14. **SSP** 980

성경 ⓒ 한국천주교중앙협의회, 2021.

이 도서의 국립중앙도서관 출판시도서목록(CIP)은 서지정보유통지원시스템 홈페이지(http://seoji.nl.go.kr)와 국가자료공동목록시스템(http://www.nl.go.kr/kolisnet)에서 이용하실 수 있습니다. (CIP제어번호 : CIP2014000363)

이 책은 저작권법의 보호를 받으므로 무단전재와 무단복제를 금합니다.
이 책 내용의 전부 또는 일부를 재사용하려면 반드시 저작권자와 성바오로출판사의 동의를 얻어야 합니다.

하느님의 뜻에
일치하는 삶

성 알폰소 마리아 데 리구오리 글
남용욱 옮김

◆ 머 리 말

▼

1993년에 출판된 알폰소 성인의 글 「하느님의 뜻에 일치하는 삶」은 그가 엮어 낸 총 3권으로 되어 있는 논문집 「하느님 사랑의 작은 작품」 중의 하나다.

이 글은 이탈리아 말로 출판되었는데, 거기에는 머리말이 쓰여 있지 않다. 그러나 이번 출판에는 머리말을 넣는 것이 좋을 듯하다.

칸디도 로마노 교수에 따르면 알폰소 성인은 이 논문을 1775년에 쓴 것이 틀림없다고 한다. 왜냐하면 1775년 11월 2일자로 카바Cava의 잔나스타시오 수녀Sr. Giannastasio에게 쓴 성인의 편지에 이 논문이 언급되어 있기 때문이다.

로마노 교수는 또 이렇게 말하였다. "이것 곧 '하느님의 뜻'은 알폰소 성인이 가장 좋아하는 주제, 가장 마음에 드는 주제였다. 이냐시오 성인이 '하느님의 더 큰 영광'을 강조한 것처럼 알폰소 성인이 이 논문에서 '하느님의 더 큰 기쁨'을 역설하고 있다. 이 논문의 저술 동기는 아마도 1735년 앞폰소 성인의 영적 지도 신부였던 카파로 신부(Fr. Paul Cafaro, 구속주회 신부)의 선종이었을 것이다.

이 훌륭한 신부의 죽음은 알폰소 성인에게 커다란 영향을 끼쳤고, 스승의 죽음을 슬퍼하면서 성인은 '하느님의 뜻'이라는 제목의 시 한 편을 써서 영전에 바친 일이 있다. 그 시가 발표되자 매우 좋은 반응을 일으켰으며 그것을 보고 그는 하느님의 뜻대로 산다는 것이 많은 사람들의 영성 생활에 얼마나 큰 도움이 되는지를 알게 되었다. 그리하여 그는 생각을 정리해서 이 논문을 펴내기에 이르렀고 이 논문이 세상에 나오자마자 대단한 호평을 받게 된 것이다."

비에쿠어 추기경Cardinal Villecourt은 그의 '알폰소 성인의 삶'에서 이 책에 실린 성인의 논문을 길게 인용하여 "성인은 생전에 자기가 쓴 이 논문을 수없이 되풀이하여 읽었으며 나이 들어서 눈이 어두워지자 다른 사람을 시켜 읽게 했다."라고 했다. 추기경의 이와 같은 진술은 알폰소 성인이 얼마나 단순하고 굳게 하느님의 뜻에 순명하며 살았는지를 뒷받침해 주고 있다고 하겠다. 또 추기경은 알폰소 성인의 생애를 마치 아시시의 프란치스코 성인의 향기를 발산하는 삶으로 표현했다.

나는 하느님의 은총과 성모님의 전구를 통하여 이 논문을 진지하게 읽는 모든 사람들이 참으로 하느님의 뜻에 일치하며 살아가는 완덕의 길로 나아가기를 기원한다.

1951년 10월 16일
성 제랄드 마제라 축일에
토마스 토빈 신부

◆ ◆ 차 례

머리말 ▸ 4
1. 성덕의 우수성 ▸ 13
2. 모든 일에서 하느님과 하나 되기 ▸ 25
3. 온전한 합일에서 비롯되는 행복 ▸ 35
4. 하느님께서는 우리의 선익을 바라신다 ▸ 47
5. 하느님의 뜻에 합치는 구체적인 방법 ▸ 59
6. 영혼의 황폐 ▸ 75
7. 결론 ▸ 99

당신이 저에게 바라시는 일이
무엇인지 알려 주십시오.
저는 저의 뜻을 버리고
당신의 뜻에 저의 뜻을 맞추겠습니다.

1 / 성 덕 의 우 수 성

▼

완덕은 온전히 하느님의 사랑에 그 기초를 두고 있다.

"사랑은 완전하게 묶어주는 끈입니다."(콜로 3,14)

그리고 하느님을 온전히 사랑한다는 것은 우리의 뜻을 하느님의 뜻에 온전히 일치시킨다는 것을 의미한다. 이 말을 한 번 더 음미해 보자.

"사랑의 근본적인 효과는 서로 사랑하는 두 사람의 뜻을 하나가 되게 만든다."

우리가 우리의 뜻을 하느님의 뜻에 맞추면 맞출수록 그만큼 하느님을 사랑한다고 말할 수 있는 것이다. 고행, 열심한 기도, 자주하는 영성체, 형제적인 자선 행위 등은 하느님을 기쁘게 해드리는 것임에 틀림없다. 그러나 이러한 신심행위는 다만 하느님의 뜻에 합당할 때에 한해서 하느님을 기쁘게 해드리는 것이다. 만일 이러한 행위가 하느님의 뜻에 맞지 않을 때에는 하느님을 기쁘게 해드리기는커녕 그분의 뜻을 거스르는 것이므로, 하느님은 그런 행위를 거절하거나 벌하시기도 한다.

예를 들어 보자. 어떤 사람에게 두 사람의 하인이

있다고 하자. 한 사람은 하루 종일 쉬지 않고 열심히 일을 한다. 그러나 그는 자기 방식대로 일을 해 나가고 다른 한 사람은 첫 번째 하인처럼 열심히 일은 안 하지만 주인이 시키는 대로만 일을 해 나간다. 이 두 사람 중에 누가 주인의 눈에 들까? 두 번째 하인이 주인의 눈에 들고 첫 번째 하인은 주인의 미움을 받을 것이 분명하다. 그런데 이런 예를 가지고 어떤 사람은 다음과 같이 반발할지도 모른다.

"만일에 우리가 행하는 수덕행위가 하느님을 기쁘게 해드리지 않는다면 도대체 무엇을 해야만 하느님께 영광이 된다는 말인가?"

자, 한번 생각해 보자. 예언자 사무엘은 사울 임금에게 고하기를 하느님은 희생제물을 원하시지 않고 다만 당신 뜻에 순종하기를 바라신다고 했다.

"주님의 말씀을 듣는 것보다 번제물이나 희생 제물 바치는 것을 주님께서 더 좋아하실 것 같습니까? 진정 말씀을 듣는 것이 제사 드리는 것보다 낫고 말씀을 명심하는 것이 숫양의 굳기름보다 낫습니다.

거역하는 것은 점치는 죄와 같고 고집을 부리는 것

은 우상을 섬기는 것과 같습니다. 임금님이 주님의 말씀을 배척하셨기에 주님께서도 임금님을 왕위에서 배척하셨습니다."(1사무 15,22-23)

하느님의 뜻과 동떨어져서 자기 뜻을 좇는 사람은 우상을 숭배하는 것과 같은 죄를 짓는 것이다. 왜냐하면 그는 어떤 의미에서는 하느님의 뜻을 숭배하는 대신 자신의 뜻을 숭배하는 것이기 때문이다.

우리가 하느님께 드릴 수 있는 가장 큰 영광을 손꼽으라 하면, 그것은 다름이 아니라 모든 일에서 하느님의 뜻을 행하는 것이라 할 수 있다. 우리 구세주께서는 하늘에 계신 아버지의 뜻을 실천하여 하느님께 영광을 드리려고 이 세상에 오시고 그것을 몸소 실천함으로써 우리에게 본보기를 보여 주셨다. 바오로 사도는 "그러한 까닭에 그리스도께서는 세상에 오실 때에 이렇게 말씀하셨습니다. '당신께서는 제물과 예물을 원하지 않으시고 오히려 저에게 몸을 마련해 주셨습니다. 번제물과 속죄 제물을 당신께서는 기꺼워하지 않으셨습니다. 그리하여 제가 아뢰었습니다. 보십시오, 하느님! 두루마리에 저에 관하여 기록된

대로 저는 당신의 뜻을 이루러 왔습니다.' 그러니 이제 저도 당신의 뜻을 따르겠습니다."(히브 15,5-7 참조)라고 말했다.

우리 주님께서는 자신의 뜻을 실천하기 위해서가 아니라 오로지 하늘에 계신 아버지의 뜻을 실천하기 위하여 이 세상에 왔노라고 자주 강조하셨다.
"나는 내 뜻이 아니라 나를 보내신 분의 뜻을 실천하려고 하늘에서 내려왔기 때문이다."(요한 6, 38)
그분은 같은 맥락에서 게쎄마니 동산에서도 당신을 죽음으로 몰고 갈 원수들을 만나기 위해 나서시면서 다음과 같이 말씀하셨다.
"내가 아버지를 사랑한다는 것과 아버지께서 명령하신 대로 내가 한다는 것을 세상이 알아야 한다. 일어나 가자."(요한 14,31)
또 주님은 누구든지 하느님의 뜻을 실천하는 사람을 형제라고 부르겠다고 하셨다.
"하늘에 계신 내 아버지의 뜻을 실행하는 사람이 내 형제요 누이요 어머니다."(마태오 12,50)

하느님의 뜻을 실천하는 것, 이것이야말로 바로 많은 성인들이 끊임없이 추구하였던 마지막 목표였다. 그들은 이것이야말로 완덕에 이르는 길임을 의심하지 않았다. 복자 헨리 수소 Blessed Henry Suso는 늘 입버릇처럼 "우리가 완덕을 목표로 수덕을 실천해 나아갈 때 꼭 영성적인 기쁨을 맛보아야만 목적지에 도달하는 것이 아니라, 모든 일에서 하느님의 거룩한 뜻에 완전히 순명해 나가는 사람이 될 때 참다운 완덕에 도달할 수 있는 것이다."라고 말했다. 또 아빌라의 데레사 성녀는 "기도에 온 정성을 바치는 수도자는 오로지 이 점을 명심해야 한다. 즉, 자기의 뜻을 하느님의 뜻에 일치시키는 일에 온 힘을 기울이는 것, 이것이야말로 바로 가장 높은 완덕이다. 이러한 수덕을 실천하면 할수록 그들은 하느님으로부터 더 많은 축복을 받게 되고, 또 그들의 내적 생활에 더 큰 발전을 가져오게 되기 때문이다."라고 말했다.

도미니코회의 한 수녀는 어느 날 깊은 명상 속에서 하늘의 광경을 몸소 볼 수 있는 특은을 받았다. 그가 하늘에 있는 여러 사람들을 가만히 살펴보니 그중에 이 세상에 있을 때에 자기와 잘 알던 몇 사람이 보였다. 그들은 살아 있을 때 그다지 크게 내세울만한 인물들이 되지 못하는 사람들이었다. 그런데 그들이 모두가 세라핌의 천사들 반열에 끼여 높은 자리에 앉아 있는 것이 아닌가. 그 까닭을 알아보니 그들이 이 세상에 있을 때 하느님의 뜻에 일치하며 살았기 때문이었다. 앞에서 말한 복자 헨리 수소는 늘 강조했다.

"나는 세상에서 하느님의 뜻에 맞는 벌레가 될지언정 내 뜻대로 사는 천사가 되지는 않겠다."

우리는 이 세상을 살아가는 동안 이미 천국에 올라가 계신 성인들로부터 하느님을 사랑하는 법을 배워야 한다. 성인들이 천국에서 가장 순수하고 완전하게 하느님을 사랑한다는 것은 다름이 아니라 그들이 가장 완전하게 하느님께 일치시키고 있다는 사실이다. 세라핌 천사들이 가장 기뻐서 하는 일이 무엇인가? 그들은 그것이 하느님의 뜻에 맞는 일이라면 아무리 의미 없어 보이는 일이라도, 예를 들면 바닷가에서 쌓으면 무너지고 쌓으면 무너지는 모래성을 평생 쌓는 일이라 해도 좋고 마당에서 뽑고 또 뽑아도 나오는 잡초를 평생 뽑는 일이라 해도, 거부하지 않고 기쁜 마음으로 평생 동안 해나간다는 것이다. 우리 주님은 우리도 천국의 성인들처럼 하느님의 뜻을 실천할 수 있기를 청하도록 가르치신다.

"하늘에서와 같이 땅에서도 이루어지소서."

다윗 왕은 하느님의 뜻을 온전히 실천했기 때문에 하느님께서 그를 아들이라고 부르지 않았던가!

"내가 이사이의 아들 다윗을 찾아냈으니, 그는 내 마음에 드는 사람으로 나의 뜻을 모두 실천할 것이다."(사도 13,22)

다윗은 언제나 하느님의 뜻을 알려고 노력하면서 하느님의 뜻이라면 무엇이든지 따를 것을 잊지 않았다. 그가 오로지 하느님께 바란 것은 하느님의 뜻을 알게 해달라는 것뿐이었다.

"당신의 뜻 따르도록 저를 가르치소서."(시편 143, 10)

하느님의 뜻에 순종한다는 한 가지 수덕만 가지고도 성인이 되고 남는다. 자, 보자. 바오로 사도가 교회를 몹시 박해했는데, 마침내 하느님이 그의 눈을 뜨게 하셨다. 그렇게 하여 하느님의 제자가 된 그가 한 일이 무엇이었던가? 그는 자기 자신을 온전히 하느님의 뜻에 내맡기는 일밖에는 한 것이 없다.

"주님, 당신이 원하시는 것이 무엇이나이까?"(사도 9, 6:22, 10 참조)

그리하여 그가 얻은 것은 무엇이었던가? 주님은 그를 하느님의 뜻을 이루도록 선택하신 그릇이요 이방인의 사도로 부르시지 않았던가.

"그는 다른 민족들에게 내 이름을 알리도록 내가 선택한 그릇이다."

하느님께 자기의 의지를 드리는 사람은 가진 것 모두를 드리는 것이 된다. 가진 재산을 가난한 사람들에게 나누어 주는 사람, 하느님의 말씀을 증거하기 위하여 피를 흘리는 사람, 단식을 위하여 굶주림을 참는 사람, 이런 사람들은 가진 것을 하느님께 바친다. 그러나 하느님께 자기의 의지를 바치는 사람은 자기 자신, 곧 자신의 존재 전부를 바친다. 이런 사람의 마음을 읽는다면 "주님, 저는 비록 가난하지만 제가 가진 것을 모두 당신께 드립니다. 제가 제 의지를 당신께 드린다면 저에게 남은 것이라곤 하나도 없이 모든 것을 드리는 것입니다."라고 말하고 있을 것이다. 이것이 바로 하느님께서 우리에게 바라시는 일이다.

"내 아들아, 너의 심장(마음)을 나에게 다오."

아우구스티노 성인은 이렇게 말했다.

"이 세상에서 다음과 같은 것보다 하느님을 기쁘게 해드리는 일은 없다. 즉 하느님, 우리를 모두 가지십시오."

그렇다. 우리가 이보다 더 귀한 무엇을 하느님께 바칠 수 있단 말인가? "하느님, 저를 차지하십시오. 저는 저의 모든 의지를 당신께 바칩니다. 당신의 뜻을 일러 주시기만 하십시오. 제가 그 뜻을 받들어 행하겠습니다."

우리가 하느님을 기쁘게 해드릴 생각이라면 우리에게 닥치는 모든 일에서 하느님의 거룩한 뜻에 우리의 뜻을 맞추어야 하지 않겠는가? 한발 더 나아가서 우리가 하느님의 뜻에 맞추려고 노력하는 것만 가지고서는 부족하고 하느님이 섭리하시는 모든 일에 우리를 온전히 일치시켜야 할 것이다. 하느님의 뜻에 맞춘다는 것과 하느님의 뜻에 합친다는 것과는 다르다. 맞춘다Conformity는 것은 우리의 뜻을 하느님의 뜻에 붙인다는 뜻이고, 합친다Uniformity는 것은 하느님의 뜻을 우리의 뜻으로 만들어 완전히 하나가 되게 하는 것을 말한다. 그리하여 하느님께서 뜻하시는 것이 바로 우리의 뜻이 되게 하는 일이다. 이것이 완덕의 가장 높은 정점이고, 우리는 이 정점을 향하여 끊임없이 노력하여야 한다.

   이것이 우리 일의 목표가 되고 소망이 되고 묵상이며 기도가 되어야 한다. 이렇게 되게 해달라고 우리는 늘 주보성인과 수호천사, 무엇보다도 우리의 성모님께 간구해야 한다. 우리의 성모님은 모든 성인 중에서 가장 완전한 성인이시고 가장 완전하게 하느님의 뜻을 헤아리신 분이다.

2 / 모든 일에서 하느님과 하나 되기

▼

완덕의 진수는 모든 일에서, 그것이 좋은 일이건 궂은 일이건 간에 하느님의 뜻을 헤아리는 일이다. 좋은 일에는 비록 죄인이라도 하느님의 뜻에 맞추기가 어렵지 않다. 그러나 일이 잘못되고 고통스러울 때야말로 성인다운 덕이 있어야 하느님의 뜻에 우리를 맞출 수 있다. 고통을 당했을 때 우리가 어떻게 처신하는가를 보면 하느님에 대한 우리의 사랑이 어떠한가를 저울질할 수 있다. 아빌라의 요한 성인은 자주 이런 말을 했다.

"역경에 처해 있을 때 '하느님, 찬미 받으소서.' 하고 한 번 기도드리는 것이 좋은 일을 당했을 때 수없이 감사의 기도를 드리는 것보다 더 값지다."

또 우리는 하느님으로부터 직접 받게 되는 그분의 뜻, 즉 질병, 궁핍, 고독, 가족과 친지의 죽음 뿐 아니라 사람으로부터 오는 고통, 예를 들면 멸시, 억울하게 당하는 부당한 처사, 명예의 손상, 재물의 상실, 그리고 여러 종류의 핍박 등도 하느님의 뜻에 합쳐야만 한다. 이러한 시련을 당할 때 명심할 것은 하느님이 우리가 죄짓는 것을 원하지 않으시고 우리의 겸손, 가난, 희생은 원하신다는 점이다. 한 가지 확실하고 꼭 믿어야 할 것은 무슨 일이 일어나든지, 그 일이 하느님에 뜻에 따라 일어난다는 사실이다.

"나는 빛을 만드는 이요 어둠을 창조하는 이다. 나는 행복을 주는 이요 불행을 일으키는 이다."(이사 45,7)

그렇다. 모든 것은, 그것이 좋은 것이든 나쁜 것이든 하느님께로부터 오는 것이다. 우리는 역경과 고통을 악이라고 생각한다. 그러나 따지고 보면 역경이 반드시 악은 아니고, 우리가 그것을 하느님의 뜻으로 받아들일 때는 역경이 선이 되고 크게 유익하다는 것을 깨닫게 된다.

"성읍에 재앙이 일어나면 주님께서 내리신 것이 아니냐?"(아모 3, 6)

"좋은 일이든 궂은 일이든, 삶이든 죽음이든, 가난한 자이든 부자이든, 이 모두가 하느님께로부터 오는 것이 아니냐?"(집회 11, 14 참조)

어떤 사람이 나를 부당하게 해쳤다고 하자. 하느님께서 그 사람이 죄짓는 것을 원하시거나 그 사람의 고

악한 의도에 찬성하지 않으신다는 것은 틀림없는 사실이지만, 이런 것 때문에 내가 상처를 입고 고통을 당하고 손해를 입는 일이 나에게 일어나게 하신 것은 하느님의 뜻임이 틀림없고, 이러한 고통이 직접 그분의 손으로부터 우리에게 주어진다고 보아야 한다. 하느님이 우리에게 고통을 주시는 예는 얼마든지 있다. 다윗 왕에게 하느님은 자기 아들 압살롬의 손을 빌려 그에게 고통을 주리라고 말씀하시지 않았던가?

"나는 너의 집안에서 너를 대적하는 악을 생기게 하고 너의 면전에서 너의 아내를 뺏어 내어 너의 이웃에게 주리라"(2사무 12, 10, 11 참조)

또 이와 똑같은 맥락에서 하느님은 유다인들의 죄를 벌하시려고 아시리아 사람들을 보내어 유다인들을 치겠노라 말씀하셨다.

"불행하여라, 내 진노의 막대인 아시리아! 그의 손에 들린 몽둥이는 나의 분노이다. 나는 그를 무도한 민족에게 보내고."(이사 10, 5-6)

아우구스티노 성인은 이 대목을 다음과 같이 풀이하였다.

"아시리아인들의 망나니 같은 못된 횡포는 유다인들을 때리시는 하느님의 매였다."

우리 주님도 베드로 사도에게 말씀하시기를 당신의 수난이 사람의 손에 의하여 오는 것이 아니라 하늘에 계신 아버지로부터 오는 것이라고 하셨다.

"아버지께서 나에게 주신 이 잔을 내가 마셔야 하지 않겠느냐?"(요한 18, 11)

욥에게 심부름꾼이 달려와 스바 사람들이 그의 재산을 몽땅 약탈해 가고 일꾼들을 칼로 쳐 죽였다는 보고를 했다. 이어 그의 딸들이 모조리 죽었다는 말을 했을 때 욥은 일어나 겉옷을 찢고 머리를 깎았다. 그리고 땅에 엎드려 입을 열었다. "알몸으로 어머니 배에서 나온 이 몸 … 주님께서 주셨다가 주님께서 가져가시니 …."(욥 1, 21) 했지, "주님께서 주신 재산과 자손들을 스바 사람들이 가져갔노라."고 하지는 않았다. 욥은 이러한 불행이 하느님의 뜻에 의해서 자기에게 닥쳐온 것을 충분히 알고 있었기 때문에 그는 이러한 말을 할 수 있었다.

"이러한 일이 하느님을 기쁘게 해드리니 그대로 이

루어지소서. 하느님의 이름은 찬미 받을지어다."

우리는 우리에게 닥치는 불행이 우연히 생긴 것이라고 생각하거나 순전히 사람들에게 그 책임을 돌려서는 안 된다. 언제나, 우리에게 일어나는 일들이 하느님의 뜻에 의해 생겨나는 것이라고 나 자신을 설득시키는 훈련이 필요하다. 이런 강한 신념의 예를 한 가지 들면 두 사람의 순교자 에픽테투스Epictetus와 아토Atho에서 볼 수 있다.

두 사람은 박해자들에 의해 그들의 몸이 수없이 쇠갈고리로 찢기고 활활 타오르는 횃불로 지져 고통을 받았으나 그 입에서는 "하느님, 당신의 뜻을 이루소서." 라는 말이 새어 나왔다. 심한 고문이 끝나고 마침내 형장에 이끌려가 사형이 집행되기 직전에 그들은 다음과 같이 외쳤다.

"영원하신 하느님, 당신 이름 영원히 찬미받으소서. 이제 당신의 뜻이 저희 안에 온전히 이루어졌나이다."

하느님의 뜻에 순명하는 좋은 예로, 수도원장인 체사리우스Cesarius 아빠스의 다음과 같은 이야기를 들 수 있다. 그의 수도원에 한 수사가 있었는데, 그 수사는 겉으로 보기에 다른 수사들과 똑같이 수도생활을 하고 있었다. 그런데 이 수사의 성덕이 얼마나 높았던지 그의 옷자락만 만져도 아픈 사람이 치유되는 기적이 일어나고는 하였다.■

이러한 놀라운 기적들을 보면서, 그가 다른 수사들보다 더 모범적인 삶을 사는 것이 아니었음을 알고 있는 수도원장 체사리우스 아빠스가 어느 날, 이 수사에게 그런 기적을 일어나게 하는 성덕이 무엇이냐고 물었다.

그 수사는 자기도 왜 그런 능력이 생기는지 도무지 모르겠다고 말하며 신기하게 생각하고 있다는 것이었다. 아빠스가 물었다.

"수사님, 무슨 특별한 수덕행위를 하고 있는 게 아닌가요? 그게 무엇인지 말해 주십시오."

■ 약 80년 전 캐나다의 몬트리올에 안드레아라는 수사가 있었는데 그는 집안이 가난하여 초등학교를 겨우 마치고 수도자가 되었다. 이렇게 교육도 많이 받지 못한 그였으나 그의 안수를 받으면 병자들이 치유되는 기적이 일어나게 되자 구름같이 많은 사람들이 몰려왔고, 치유된 후 버리고 간 목발이나 지팡이 수백 개가 지금도 보관되어 있다. 그의 생전에 시작한 성전 건립이 그가 죽은 후에 굉장히 크게 완성되었다. 그 성당은 성 요셉에게 봉헌되었기 때문에 성 요셉 대성당 St. Joseph Oratory이라는 이름으로 몬트리올 한복판의 높은 산 위에 우뚝 서 있고, 매년 수십만 명의 순례객들의 발길이 끊이지를 않는다. 안드레아 수사는 베네딕토 16세 교황에 의해 2010년 시성되었다.-역자 주

"원장 수사님, 뭐 제가 특별히 닦고 있는 수덕행위란 없습니다. 다만 저는 하느님의 뜻이 무엇이든지 그것을 열심히 따르려고 모든 노력을 기울이며 수도생활을 하는 것뿐인데, 하느님께서는 제 소원을 들어 주시어 제 자신을 완전히 버리고 그분의 뜻을 따르는 은총을 허락해 주셨습니다. 일이 잘된다고 해서 제 마음이 기쁘지도 않고, 불행이 닥쳤다 해도 제 마음이 땅에 떨어지는 일이 없습니다."

수도원장이 되물었다.

"얼마 전에 강도떼가 우리 수도원을 습격해서 한바탕 털어 간 일이 있지 않소. 그 강도들이 우리 식량을 모조리 털어 가고 가축은 있는 대로 몽땅 몰고 갔지요. 그것뿐인가요. 그자들이 떠나면서 창고에 불을 질러 창고가 다 타 버렸는데도 이 일로 해서 수사님은 속상하지 않던가요?"

"예, 원장 수사님."

그 수사는 이렇게 태연하게 대답하는 것이 아닌가?

"속상하기는커녕 저는 오히려 하느님께 감사했는걸요. 저는 모든 어려움을 당할 때마다 늘 이렇게 하느님께 감사하는 버릇을 들였거든요. 왜냐하면 하느님께서는 모든 것을, 좋은 일이건 궂은 일이건 간에, 우리의 선을 위하여 일하신다는 것을 저는 철저히 믿고 있습니다. 그러기 때문에 저는 제게 무슨 일이 일어나도 마음이 늘 평화롭습니다."

그 수사가 이렇게 철저히 하느님의 뜻에 일치하여 살아가는 것을 알고 난 후, 수도원장은 더 이상 아무 것도 물어 볼 필요가 없었다.

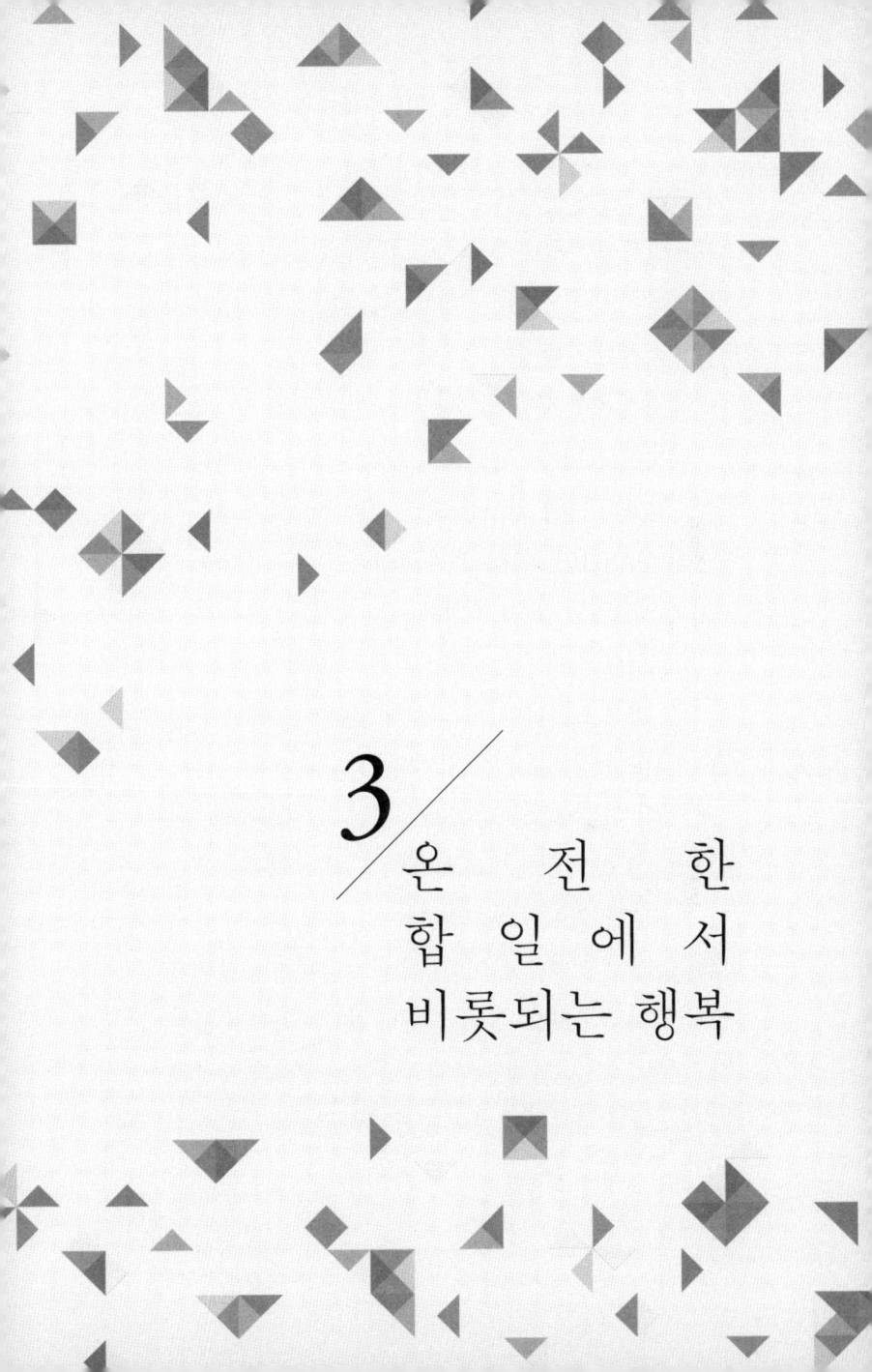

3 / 온전한 합일에서 비롯되는 행복

▼

이러한 생활을 할 때 우리의 삶은 성화가 될 뿐만 아니라 일상생활에서 항상 고요한 마음으로 평화롭게 살아갈 수 있다. 아라곤 왕국의 임금인 알폰소 왕에게 어느 날 찾아온 손님이 질문을 했다.

"이 세상에서 제일 행복한 사람이 누구입니까?"

"그야 간단하지. 누구든지 자기를 온전히 버리고 좋은 일이건 나쁜 일이건 모든 것이 하느님께로부터 온다고 확신하며 살아가는 사람이지."

성경에도 이런 말씀이 있다.

"하느님을 사랑하는 이들, 그분의 계획에 따라 부르심을 받은 이들에게는 모든 것이 함께 작용하여 선을 이룬다는 것을 우리는 압니다."(로마 8, 28)

사실상 하느님을 사랑하는 사람은 늘 행복하다. 이런 사람은 하느님의 뜻을 이루어 드리는 것을, 즉 그것이 불행한 일이건 행복한 일이건 간에, 행복 그 자체라고 알고 있기 때문이다. 이런 사람에게는 불행한 일이 닥쳐온다 해도 그 마음의 평온은 흔들리지 않는다. 그는 그러한 불행을 받아들인다는 행위가 사랑하는 하느님께 기쁨을 드린다고 믿기 때문이다.

"의인에게 무엇이 닥치든지 그것이 결코 그를 슬프게 만들지 못한다."(잠언 12, 21 참조)

생각해 보면 이 세상에서 자기가 바라는 일을 다 이룬 사람들보다 행복한 사람이 어디 있겠는가? 이것이 하느님께서 바라시는 것만을 행하기를 바라는 사람이 행복한 이유이다. 왜냐하면 죄를 빼고는 모든 행복이 하느님의 뜻을 통해 일어나기 때문이다.

이러한 맥락에서 「교부들의 생애」라는 책에 나오는 이야기를 해야겠다. 한 농사꾼이 있었는데 그는 해마다 다른 농사꾼들보다 농사가 잘 되었다. 이웃 사람들이 궁금하여 그 원인을 묻자, 그는 태연하게 언제나 자기가 원하는 대로 날씨가 되어 주었기 때문이라고 하였다. 그에게 다그쳐 묻자, 그는 "나는 늘 하느님이 주시는 날씨를 그분이 원하시는 날씨라고 고맙게 받아들였더니 하느님께서 이런 풍작을 주시지 않겠어?"라고 대답하는 것이었다. 실비안 성인은 만일 하느님의 뜻에 모든 것을 맡기는 사람에게 굴욕이 닥치게 되면 굴욕을 원하는 사람으로 자기를 바꾸고, 가난이 닥치게 되면 그는 가난하게 되기를 원하는 사람으로 변

화되기 때문에, 무슨 일이 닥쳐와도 그것을 다 받아드릴 수 있게 된다는 것이다. 이러한 사람이 행복한 것은 당연한 일이 아니겠는가? 추우면 추운 대로, 더우면 더운 대로, 눈이 오건 비가 오건, 바람이 불건 가뭄이 들건, 모든 것을 하느님의 뜻이라 생각하게 되니, 무슨 걱정이 있겠으며 마음 상할 일이 어디 있겠는가?

이것이 하느님의 아들딸들이 누리는 가장 큰 자유이고, 이 세상의 모든 귀한 것, 즉 좋은 가문, 높은 지위, 엄청난 권력, 아니 모든 왕국의 어느 것보다도 값진 보물이 아닐 수 없다. 이러한 평화는 여러 성인들이 실제로 경험을 통하여 얻은 것을 우리에게 전해 주듯이 '사람의 모든 이해를 뛰어넘는 하느님의 평화'(필립 4, 7 참조)를 말해 준다. 이러한 기쁨은 우리의 오감을 통하여 얻는 기쁨, 사회생활 속에서 맛보는 쾌락, 기타 다른 어떠한 즐거움보다 훨씬 차원 높은 기쁨이다. 세상적인 기쁨은 잠시 우리의 오감을 사로잡지만, 그러한 기쁨은 우리를 속이는 기쁨이고 허무한 기쁨일 뿐 아니라 결코 오래 지속되는 기쁨이 아니다. 오히려 그러한 기쁨은 우리 안에 깊이 자리잡고 있는 영혼에 해를 가져오는 방해물이 되어 진정한 평화를 맛볼 수 없게 한다.

세상에 있는 쾌락이란 쾌락은 모조리 맛보았으나 모든 것이 허무하다고 느낀 솔로몬 왕은 다음과 같이 비통한 말을 했다.
"이 또한 허무요 바람을 붙잡는 일이다"(코헬 4, 16)
성령이 우리에게 들려 주시는 말씀이 있다.
"미련한 자는 달처럼 변하나 경건한 자는 변하지 않는 해처럼 그 지혜가 계속 되리라."(집회 27, 11 참조)
어리석은 자 곧 죄인은 달과 같아서 오늘은 기뻐하고 내일은 울고, 오늘은 양과 같이 순하나 내일은 곰과 같이 사나워진다. 왜 그럴까? 그의 마음의 평화는 그가 만나는 세상일, 즉 때로는 좋은 일, 때로는 궂은 일에 달려 있기 때문에 수시로 일어나는 세상일에 지배된다. 반면에 의인들은 해와 같아서 그 마음은 늘 슬기롭고 평화로워 어떠한 일이 일어나더라도 흔들리지 않는다. 그의 평온한 영혼은 하느님의 뜻에 일치되어 있기 때문에 흔들림이 없다. 이러한 평온이 바로 예수님 탄생 때에 천사들이 목동들에게 나타나서 노래했던 평화이다.

"지극히 높은 곳에서는 하느님께 영광

땅에서는 그분 마음에 드는 사람들에게 평화!"(루가 2, 14)

여기서 말하는 '그분 마음에 드는 사람들'이란, 무한히 좋으시고 완전하신 하느님의 뜻에 자기의 뜻을 합치는 사람말고 과연 다른 누구를 가리키겠는가? "무엇이 하느님의 뜻인지, 무엇이 선하고 무엇이 하느님 마음에 들며 무엇이 완전한 것인지"(로마 12, 2)를 식별하면서 그분의 뜻을 살펴보는 사람이야말로 의로운 사람이라 할 수 있을 것이다.

거룩하신 하느님의 뜻에 합하면서 살아간 많은 성인들은 이 세상에 사는 동안 천국을 맛보면서 살아갔다. 도로테오 성인은 말한다.

"성인들은 그들에게 일어나는 모든 일을 하느님의 손으로부터 직접 받는다고 생각하는 것에 습관이 되어 있으므로 늘 영혼을 성스럽게 유지할 수 있는 것이다."

파치Pazzi의 마리아 막달레나 성녀는 얼마나 하느님

의 뜻에 합하는 생활을 했던지 '하느님의 뜻'이라는 말만 들어도 즉시 황홀경에 들어갔다고 한다. 세상살이에서 일어나는 여러 사건들이 우리의 감각에 작은 파문을 일으키는 것은 사실이다. 그러나 이러한 파문은 영혼의 표면만을 건드릴 뿐 우리의 뜻이 하느님의 뜻과 합해 있는 한, 영혼의 깊은 곳에 자리잡고 있는 평온과 평화에는 조금도 영향을 미치지 않는다. 우리 주님께서도 말씀하셨다. "그 기쁨을 아무도 너희에게서 빼앗지 못할 것"(요한 16, 22)이며 "너희 기쁨이 충만해질 것이다."(요한 16, 24) 하느님의 뜻에 합하면서 살아가는 사람은 충만하고 영원한 기쁨을 맛본다. 충만한 기쁨은 그가 바라는 것을 모두 얻는 데서 오는 기쁨이고 영원한 기쁨은 아무도 그 기쁨을 빼앗지 못하는 데서 오는 기쁨이다.

신심 깊은 요한 타울러 신부의 이야기를 해야겠다. 그는 오랫동안 하느님께 자신의 영성생활에 참으로 깊은 영향을 끼치는 사람을 보내 주십사고 기도했다. 하루는 기도하는 가운데 한 음성이 들려 왔다.

"내가 일러주는 교회를 찾아가라. 그러면 너의 기도에 대한 응답을 받게 될 것이다."

그래서 그 신부는 음성이 시키는 대로 그 교회를 찾아갔는데, 그 교회 문턱에 맨발로 누더기를 걸치고 있는 거지가 앉아 있는 것을 보았다. 신부는 교회에 들어가면서 "내 친구여, 안녕하신가?" 하고 인사를 건넸다. 그랬더니 거지가 말했다.

"아, 신부님, 안녕하냐고 저에게 물으시니 감사하기는 합니다만, 저는 오늘날까지 안녕해 보지 못한 날이 하루도 없었는걸요."

"아, 그래요? 그렇다면 하느님께서 당신에게 굉장한 행복을 주신 것이 틀림없구려."

"예, 신부님. 그렇고 말고요. 저는 신부님 말씀대로 한 번도 불행해 본 일이 없는 행복한 사나이입니다. 제가 이런 말을 한다고 허풍을 떤다고 생각하지는 마세요. 이것은 진정이니까요. 왜 그런지 말씀드릴까요? 나는 먹을 것이 없으면 하느님께 감사를 드리지요. 비나 눈이 오는 날에는 그런 대로 하느님의 섭리에 감사드립니다. 사람들이 저에게 심한 욕설을 퍼붓기도 하고요, 때로는 저를 마구 쫓아 내는 사람도 있지요. 얻어먹는다고 업신여기는 사람들이 많습니다. 그럴 때마다 저는 하느님께 영광을 돌려 드리지요. 제가 뭐라고 했습니까? 하루도 불행한 날이 없다고 하지 않았어요? 정말 그래요. 저는 하느님이 원하시는 일을 해드리는 데에 익숙해 있거든요. 저에게 무슨 일이 일어나든 상관없어요. 좋은 일이건 궂은 일이건 달게 받는답니다. 하느님이 제게 가장 좋고 이익이 되는 것을 손수 저에게 주신다는 것을 알고 있으니까요. 그러니 왜 불행하겠습니까?"

"하! 그래요? 도대체 당신은 그런 하느님을 어디서 찾았던가요?"

"예, 저는 세상의 피조물을 떠난 곳에서 하느님을 발견했어요."

"굉장한 발견이로군! 그럼 한 가지 더 물어 봅시다. 당신은 자신을 뭐라고 생각하시오?"

"저는 왕입니다."

"그렇다면 당신의 왕국은 어디 있단 말이오?"

"그야 내 영혼 안에 내 왕국이 있지요. 내 왕국에는 모든 질서가 뚜렷하지요. 거기에는 감정이 지성에게 복종하고, 지성은 하느님께 복종하는 질서가 엄연합니다."

"아, 그것은 큰 덕행이구먼! 그런데 그런 덕행을 어

떻게 얻었던가요?"

"침묵이지요. 저는 하느님께는 별의별 말을 다 하지만 사람에게는 침묵을 지키는 습관을 몸에 익혔습니다. 하느님과 대화함으로써 내 영혼은 평화를 발견하고 유지한다는 것을 알게 된 것이지요."

하느님의 뜻에 합한다는 행위로 이 거지는 이런 높은 수준의 성덕에 이르게 된 것이다. 그는 비록 가난하지만 이 세상의 가장 돈 많은 왕족들보다 더 풍요로웠으며, 얻어먹는다는 어려움 속에서도 이 세상의 어떠한 즐거움보다 더 행복할 수 있었다.

"침묵이지요.
저는 하느님께는 별의별 말을 다 하지만
사람에게는 침묵을 지키는 습관을
몸에 익혔습니다.
하느님과 대화함으로써
내 영혼은 평화를 발견하고 유지한다는
것을 알게 된 것이지요."

4 / 하느님께서는 우리의 선익을 바라신다

▼

아, 하느님의 뜻에 거역하는 어리석고 어리석은 사람들이여! 하느님께서 뜻(관여)하시면 아무도 어려움과 시련에서 빠져나가지 못한다.

"누가 그분의 뜻을 거역할 수 있겠습니까?"(로마 9, 19)

생각해보면 역경에 처해 있을 때에는 하느님을 원망하고 저주해서 이로울 것이 하나도 없다. 하느님을 원망한다고 고통이 줄어드는 것도 아니고, 하느님이 우리 인간의 저주를 받았다고 해서 두려워하시는 분이 아니시다. 이런 사람에게는 어떠한 좋은 것도 돌아오지 않을 뿐더러 오히려 이 세상을 사는 동안 마음이 평화롭지 못할 뿐만 아니라 저 세상에 가서는 하느님의 엄한 심판을 받는 결과를 얻을 뿐이다. 이 얼마나 큰 손해인가!

"지혜가 충만하시고 능력이 넘치시는 분, 누가 그분과 겨루어서 무사하리오?"(욥 9, 4)

병으로 고통받는 사람이 부르짖는 고함소리, 가난한 사람이 투덜대며 늘어놓는 불평, 이러한 행위가 가져오는 것이 더 불행해지는 일 외에 무엇이 있겠는가? 그렇게 분풀이를 했다고 해서 고통이 사라지고 시련이 물러가기라도 한다는 말인가?

아우구스티노 성인의 말이다.

"이 작은 자야. 성장하여 철이 들려무나. 네가 행복을 얻으려고 무엇을 찾아다닌단 말이냐? 이것 저것 다 그만두고 만물을 모두 행복하게 만드는 그 한 가지를 찾아라."

그렇다. 내 벗들이여. 그 한 가지가 하느님 아니고 무엇이겠는가? 그대들은 하느님을 찾아 나서라. 찾아 나서서 그분을 발견하라.

그분을 발견하거든 바싹 그분께 매달려라. 그리고 그분의 뜻에 그대의 뜻을 쇠사슬로 꽁꽁 묶어 놓아라. 그리하면 그대는 이 세상에서 평화를 누릴 뿐 아니라 저 세상에서도 큰 상급을 얻을 것이다.

하느님은 우리의 선익을 원하신다. 하느님은 이 세상의 누구보다 나를 사랑하실 능력이 있고 실제로 그렇게 하신다. 하느님의 뜻은 아무도 자기의 영혼을 잃어버리지 않게 하는 데 있고 누구나 성스러운 삶을 통하여 영혼의 구원을 얻게 하는 데 있다.

"아무도 멸망하지 않고 모두 회개하기를 바라시기

때문입니다."(2베드로 3, 9)

"하느님의 뜻은 바로 여러분이 거룩한 사람이 되는 것입니다."(1테살 4, 3)

하느님은 우리가 행복하게 되는 길을 마련하셨고 우리가 행복해짐으로써 하느님께 영광이 된다. 하느님의 본성은 선이시기 때문에 무한히 선하시다. 선은 확산하는 성격이 있으므로 하느님은 우리 인간에게 그 선이 확산되어 모든 사람이 행복을 누릴 수 있게 되기를 열망하신다. 그러므로 만일 하느님이 우리에게 시련을 주신다면 그것은 오로지 우리의 선익을 위해서이다. 하느님의 뜻은 "모든 것이 함께 작용하여 선을 이룬다."(로마 8, 28)는 데 있다. 우리에게 심한 박해가 온다 하더라도 그것은 우리를 멸망시키기 위한 것이 아니고, 오히려 우리의 잘못된 길을 바로잡아 주시기 위한 것이며 우리의 영혼을 구원하시기 위한 것이다.

"그들의 마음을 시험하시려고 그들에게 불같은 시련을 주신 것입니다. 그분께서는 우리에게도 그냥 보복을 하지 않으십니다. 주님께서는 당신께 가까운 이들을 깨우쳐 주시려고 채찍질하시는 것입니다."(유딧 8, 27)

하느님은 우리가 행여 영원한 멸망에 빠질까 봐 당신의 지극한 사랑으로 우리를 감싸 주신다.

"주님, 당신께서는 의인에게 복을 내리시고
큰 방패 같은 호의로 그를 덮어 주십니다."(시편 5, 13)

하느님은 우리의 안녕을 지극히 걱정하신다. 오죽하면 그의 외아들을 보내셨으랴!

"당신의 친아드님마저 아끼지 않으시고 우리 모두를 위하여 내어 주신 분께서, 어찌 그 아드님과 함께 모든 것을 우리에게 베풀어 주지 않으시겠습니까?"(로마 8, 32)

그러므로 우리는 하느님의 섭리를 확실하게 믿으면서 모든 일을 그분의 뜻에 맡겨야 할 것이다. 그분은 우리의 선익을 걱정하시는 분이시다. 우리에게 어떠한 일이 생기든지 다음과 같이 말할 수 있어야 한다.

"주님, 당신만이 저를 평안히 살게 하시니
저는 평화로이 자리에 누워 잠이 듭니다."(시편 4, 9)

우리 자신을 그분의 손에 전적으로 맡겨야 한다. 그분은 어김없이 우리를 보살피시기 때문이다.

"여러분의 모든 걱정을 그분께 내맡기십시오. 그분께서 여러분을 돌보고 계십니다."(1베드 5, 7)

우리의 생각을 하느님께 머무르게 하고 그분의 뜻을 실행해야 한다. 그러면 그분은 우리와 우리의 행복을 생각해 주신다. 주님께서 시에나의 성녀 가타리나에게 말씀하시기를 "딸아, 나를 생각하여라. 그러면 나는 언제나 너를 생각하리라." 하셨다. 우리는 자주 아가서의 '신부'와 같이 말해야겠다.

"나의 연인은 나의 것, 나는 그이의 것."(아가 2, 16)

수도원장인 나일 성인은 자주 말하기를, 우리가 간절히 기도할 때 우리가 바라는 것이 이루어지도록 해달라고 할 것이 아니라 하느님의 거룩하신 뜻이 우리 안에서, 또 우리를 통하여 이루어지기를 바라야 한다고 했다. 따라서 어떠한 불행한 일이 우리에게 닥칠 때에는 참을성 있게 그것이 하느님께로부터 오는 것으로 받아들일 뿐 아니라 기뻐하면서 받아들여야 한다.

"사도들은 그 이름으로 말미암아 모욕을 당할 수 있는 자격을 인정받았다고 기뻐하며, 최고 의회 앞에서 물러 나왔다."(사도 5, 41)

우리가 환난을 참을성 있게 견뎌 가는 일이 결국은

하느님께 큰 기쁨을 돌려 드린다는 것을 아는 사람은 얼마나 마음이 행복할까? 자기에게 닥쳐오는 시련을 견디어 가는 것은 하느님이 기뻐하시는 일임에 틀림없다. 그러나 그보다 하느님을 기쁘게 해드리는 것은 자기의 뜻을 하느님의 뜻에 합하여 흡족해하지도 않고 부족해하지도 않는 상태로, 하느님의 뜻에 온전히 모든 것을 맡기는 일이다. 그리고 모든 일이 하느님이 섭리하시는 그대로 되어 가는 것을 바라보고 즐거워하는 일일 것이다.

경건한 사람들아! 그러므로 만일 그대가 하느님을 기쁘게 해드리고 이 세상에서 평온한 삶을 누리고 싶거든 항상, 그리고 모든 일에서 그대의 뜻을 하느님의 거룩하신 뜻에 합치시켜라. 과거의 잘못된 생활에서 지은 죄는 모두 그대가 하느님의 거룩한 뜻에서 벗어났기 때문이라는 것을 명심하라. 이제 하느님을 기쁘게 해드리는 일이 무엇인지 알았으니 앞으로는 마태오 복음에서 예수님이 말씀하신 대로 "그렇습니다, 아버지! 아버지의 선하신 뜻이 이렇게 이루어졌습니다."(마태 11, 26)라고 말할 수 있는 사람이 되어야 한다. 만일 내 마음에 거슬리는 일이 생기거든 곧 그것이 하느님께로부터 온 것이라는 것을 되새기고, 즉시 "아, 이것은 하느님께로부터 오는 것이지!"라고 말하면서 마음의 평온을 찾을 수 있어야 한다.

"주님, 이는 당신이 하신 일이옵기에 나는 벙어리처럼 입을 닫고 입술을 열지 못했나이다."

즉 주님이 하신 일이므로 나는 아무 소리도 하지 않고 다만 그것을 받아들일 뿐이라는 마음 자세가 되어야 한다. 그대의 모든 생각과 기도의 지향을 모아 그대가 이렇게 되기를 바라라. 끊임없이 하느님을 묵상하고, 자주 성체를 모시고, 자주 성체를 방문하여 조배하며, 그대가 하느님의 거룩하신 뜻을 이룰 수 있는 사람이 되게 해달라고 도움을 청하여라.

그대 자신을 그분께 바치는 습관을 들여야 한다. "저의 주님, 저를 당신의 현존 안에 있게 해주시고 당신이 좋아하시는 것을 제가 깨닫고 행할 수 있게 해주소서."라는 기도가 버릇처럼 입에서 나와야 한다. 이것이 데레사 성녀가 늘 몸에 익힌 기도였다. 성녀는 하루에 적어도 50번은 자신을 하느님께 봉헌하면서 자신을 온전히 하느님의 뜻에 맡기는 생활을 하였다.

독자 중에 성녀와 같은 수련을 할 수 있는 사람이 있다면 그는 얼마나 행복한 사람인가! 그러한 사람에게는 성인이 되는 것이 보증되고도 남는다. 우선 그러한 사람의 생활은 평온 그 자체가 될 것이다. 또 그의 죽음은 틀림없이 행복할 것이다. 사람이 세상을 떠날 때 틀림없이 구원된다는 희망을 가지게 되는 것은 다른 데에 있지 않다. 그가 평소에 과연 얼마나 하느님의 뜻에 맞는 삶을 살았느냐 하는 물음에 양심껏 대답해 볼 때 그 해답을 얻을 수 있는 것이다. 사람이 이 세상 살아가는 동안 닥치는 모든 일을 하느님께서 주시는 것으로 알고 그 뜻에 합치며 살았었다면, 그는 참으로 성인다운 죽음을 맞게 될 것이고 그의 영혼은 구원받을 것이다.

그러므로 우리는 다 같이 모든 것을 하느님이 기뻐하시는 대로 그의 거룩한 뜻에 우리의 뜻을 합치며 살아가자. 하느님은 무한히 지혜로우시기 때문에 우리에게 무엇이 좋은가를 다 알고 계신다. 그리고 하느님은 무한히 선하시고 무한한 사랑이시기 때문에 인간을 위해 목숨까지 내놓으셨다. 그분이 뜻하는 것은 우리에게 결코 해로울 수가 없다. 바실리오 성인이 말한 것처럼 티끌만큼도 의심하지 말고 하느님께서 우리의 선익을 위해 일하신다는 확신을 가지도록 하자. 하느님께서는 우리가 감히 기대하거나 성취하려고 애쓰던 것보다 더 큰 선익을 우리에게 안겨 주실 것이다.

"저의 주님,
저를 당신의 현존 안에 있게 해주시고
당신이 좋아하시는 것을
제가 깨닫고 행할 수 있게 해주소서."

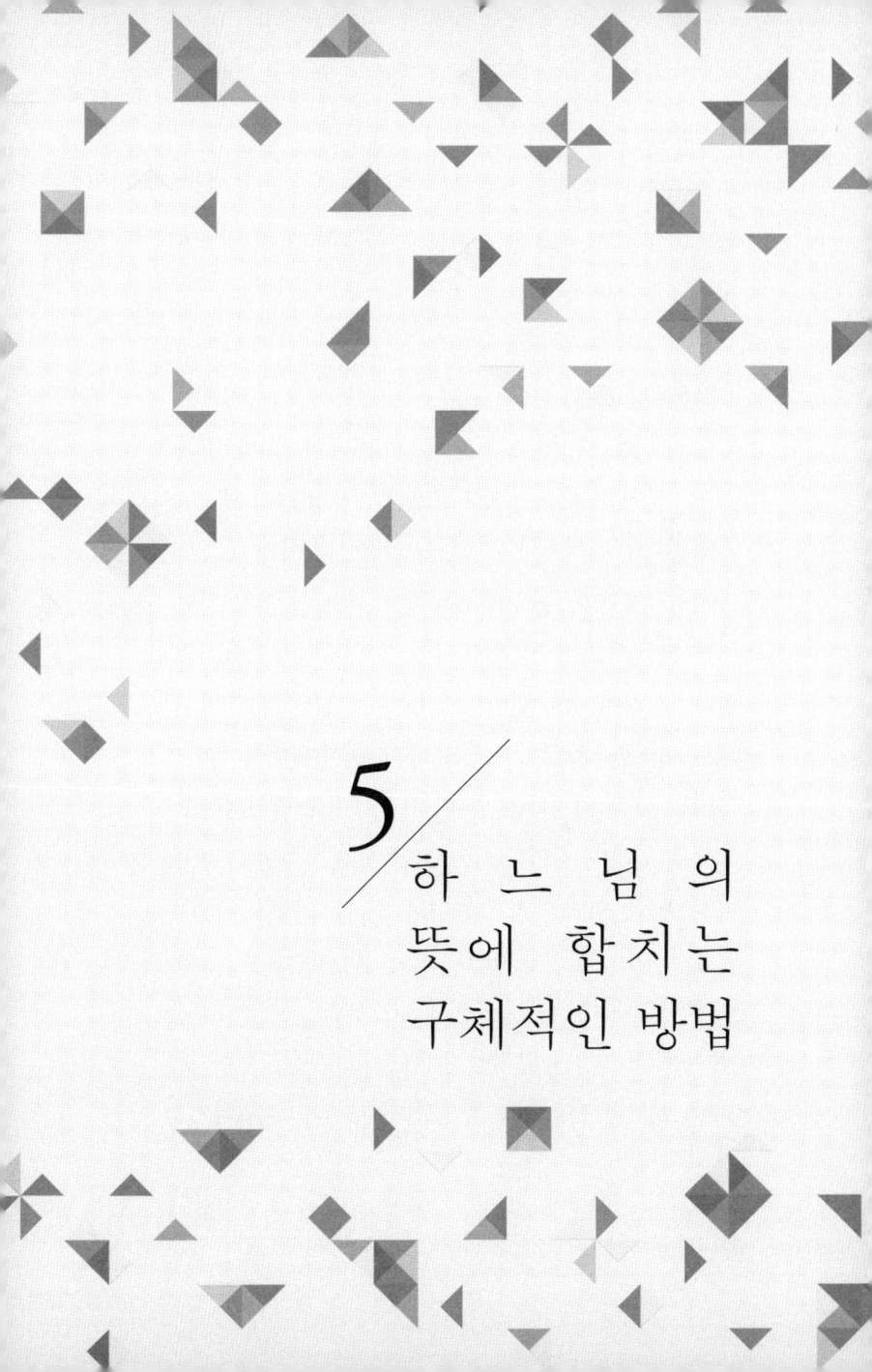

5 / 하느님의 뜻에 합치는 구체적인 방법

▼

이제 우리가 하느님의 뜻에 합치며 살아가기로 결심했다면 구체적으로 어떻게 살아가야 하는가를 생각해 보자.

1) 외적인 문제

몹시 더울 때, 매우 추울 때, 비가 많이 올 때, 기근이 들어 먹을 것이 귀할 때, 전염병이 만연할 때 등, 우리는 부정적이거나 원망하는 말을 삼가야 한다.

가령 "제기랄, 못 견디게 더운 날씨군!", "아! 지독하게 춥군." 혹은 "정말 비극이군, 비극이야!" 따위의 말을 입 밖에 내지 말아야 한다. 하느님의 뜻에 반대되는 이러한 말씨는 아예 입 밖에 내지 말아야 한다. 우리는 다만 일어나는 일을 액면 그대로 받아들이고 그것을 우리의 원의로 삼아야 한다. 왜냐하면 그것이 바로 하느님의 뜻이기 때문이다. 한 가지 이야기를 해야겠다. 어느 날 프란치스코 보르지아 성인은 본의 아니게 밤늦게 예수회 수도원에 당도했다. 때마침 사나운 눈보라가 치는 밤이었는데 가까스로 수도원에 당도한 그는 안도의 숨을 몰아쉬며 수도원의 문을 두드

렸다. 그러나 어찌된 일인지 아무도 대답하는 사람이 없었다. 수도원의 높은 담은 그의 목소리를 가로막았고 게다가 밤이 늦어 모두 깊이 잠들어 있었던 관계로 문은 굳게 닫힌 채로 열리지 않았다. 아침이 되자 수도원에 있던 사람들은 이 성인이 밖에서 밤을 새운 것을 알고 몹시 민망해했다. 그랬더니 성인은 활짝 웃으며 말했다.

"지난밤만큼 기쁘게 지낸 일이 없다오. 내가 하늘을 쳐다보니 저 높은 하늘에서 하느님이 눈송이를 하나씩 나에게 떨어뜨리고 있는 것이 보였고, 그 길고 긴 밤을 얼마나 포근하게 지냈는지 모른다오."

2) 내적인 문제

우리가 당하는 모든 일에서 하느님의 뜻에 순명하자. 예를 들면 배가 고플 때, 목이 마를 때, 가난할 때, 외롭고 버림받았을 때, 명예를 손상받았을 때, 이러한 때에 우리는 항상 이렇게 말해야 한다.

"오 주님, 당신은 당신이 좋다고 생각하시는 대로 세우기도 하시고 허물기도 하십니다. 그러므로 저는 그저 좋을 뿐입니다. 저는 당신께서 뜻하시는 것이라면 무엇이든지 제 뜻으로 삼겠습니다."

또 마귀가 우리를 유혹하는 경우도 있다. 한번 생각해 보자. 마귀는 우리를 죄에 빠뜨리기 위해 여러 가지 수단으로 우리를 유혹한다.

가령 "여보게, 누가 말하는데 말이지, 그 사람이 자네를 두고 이렇고 저렇고 하지 않겠어! 자네는 자네가 그렇지 않다는 것을 밝혀야 하지 않은가?" 따위의 말로 우리를 유혹한다. 이럴 경우 우리는 복수하고 싶은 유혹을 강하게 물리치고 즉시 속으로 "나는 하느님의 은총 속에 사는 사람. 하느님이 원하시면 그분 뜻에 맞게 말도 하고, 그분 뜻에 맞게 행동도 해야지." 하며 하느님의 섭리에 그 사건을 맡겨야 한다. 이렇게 하면 우리는 실수를 면하게 되고 완덕의 길로 한 발자국 앞서게 된다.

3) 선천적으로 받은 신체적 결함이나 정신적 결함을 원망하지 말자

예를 들면 기억력이 나쁜 것, 머리가 나빠 무엇을 더디게 깨우치는 것, 절름발이, 기타 선천적으로 건강이 나쁘게 태어난 사람 등인데, 잘 생각해 보자. 과연 우리가 하느님께 왜 이러한 결함을 안겨 주셨느냐고 따질 권리가 있을까? 도대체 하느님이 이런 모든 것을 우리가 원하는 대로, 가령 천재적인 두뇌라든가, 세계적인 운동가라든가, 명성을 떨치는 음악가 따위의 재질을 우리에게 주셔야 할 의무를 가지셨다는 말인가? 이 세상에서 어떤 사람이 남으로부터 선물을 받을 때 자기 조건에 맞으면 받고 그렇지 않으면 거절을 한다는 말인가? 선물을 받으면 그것이 우리 마음에 들건 안 들건 그저 고맙다고 받지 않는가? 우리는 모름지기 하느님께서 주시는 모든 것을 감사하는 마음으로 받아들여야 한다. 하느님께서 우리에게 주시는 것은 어떠한 것이든 우리의 선을 위한 것이기 때문이다.

하느님께서 나에게 뛰어난 재능을 주셨더라면, 아름다운 용모를 주셨더라면, 건강한 몸을 주셨더라면, 내 영혼이 멸망했을지 누가 알 수 있겠는가? 뛰어난 재능과 훌륭한 지식은 많은 사람들을 교만의 함정에 빠뜨리게 하고, 자만심으로 가득 찬 사람들이 대개 그러하듯이 남에게 큰 상처를 주는 예는 얼마든지 있다. 이러한 훌륭한 하느님의 선물이 사람의 영혼을 구하기는커녕 오히려 멸망으로 이끈다는 것은 얼마나 슬픈 일인가. 우리 주변에서도 미모와 건강의 소유자가 인생의 낙오자가 된 예는 많이 있다. 반면에 많은 사람이 태어나면서부터 몸이 약하고, 아니면 가난하고, 아니면 재능이 없는데, 종래에는 자기 영혼을 구하고 성인이 된 예가 얼마나 많은가. 그러니 다시 한 번 하느님께서 나에게 주신 것으로 만족하자.

"그러나 필요한 것은 한 가지뿐이다"(루가 10, 42)

한 가지란 무엇인가? 그것은 미모도 아니요, 건장한 체구도 아니요, 뛰어난 재능도 아니다. 필요한 것은 우리의 영혼이 멸망하지 않고 구원을 받는 일이다.

4) 육신의 고통을 당할 때 어떻게 처신해야 하는가는 특별히 중요하다

우리는 의도적으로 고통을 하느님께서 주시는 정도만큼, 주시는 날짜만큼 받아들여야 한다. 물론 우리가 아플 때에 그것을 치료해야 하는 것은 당연하다. 그것이 하느님의 뜻이다. 그러나 모든 방법을 쓰고도 치료할 수 없을 때에는 우리의 뜻을 하느님의 뜻에 합치

자. 하느님의 뜻에 합치는 것이 건강을 되찾는 것보다 낫다. 담담하게 "주님, 저는 병자로 남아 있기를 바라지도 않고 건강해지기를 바라지도 않습니다. 다만 당신의 뜻을 따르고 싶을 뿐입니다."라고 말할 수 있어야 한다. 고통 중에 하느님을 못살게 굴지 않는 것은 틀림없이 덕행이라 할 것이다. 물론 우리의 고통이 지나칠 경우에 내 주변에 있는 사람들에게 내가 당하고 있는 고통을 알게 하는 것은 잘못이 아니고, 하느님께 나를 고통으로부터 해방시켜 달라고 간청하는 것은 옳은 일이다. 그러나 여기서 말하는 고통이란 지나친 고통을 말한다. 가끔 보면 몸이 약간 괴롭다고 해서, 혹은 조금 고통스럽다고 해서 모든 사람들이 하던 일을 일제히 멈추고 나의 어려움을 알아야 하고, 거기에 동정을 표해야 하는 것처럼 떠들썩하게 하는 사람들이 있다.

    그러나 참으로 고통스러운 경우를 찾자면 우리 주님이 당하신 고통이다. 그것을 상상해 보라. 수난이 눈앞에 다가오자 주님은 자기 영혼의 고통스러운 상태를 제자들에게 말씀하셨다. "내 마음이 너무 괴로워 죽을 지경이다."(마태 26, 38) 하시고 이어 "아버지, 하실 수만 있으시면 이 잔이 저를 비켜 가게 해 주십시오."
(마태 26, 39) 하시며 영원하신 하느님께 그 어려움을 거두어 주시기를 호소하셨다.

한편 주님은 이러한 호소를 할 경우에는 우리가 무엇을 잊지 말아야 하는가를 가르쳐 주셨다.

"그러나 제가 원하는 대로 하지 마시고 아버지께서 원하시는 대로 하십시오."(마태 26, 39)

혹 내가 건강하기를 원하는 것은 고통에서 해방되기 위함이 아니라, 주님을 좀 더 잘 섬기기 위함이라고 변명하는 사람이 있다. 내가 건강해지면 신앙생활에서 해야 할 규칙도 잘 지키고, 공동체를 위해 좀 더 많이 봉사도 하고, 교회에도 더 잘 나가고, 더 자주 영성체도 하고, 양심성찰도 더 잘 하고, 더 자주 고해성사도 보고, 더 열심히 공부도 하고, 더 일을 잘 하고 등의 그럴 듯한 이유를 내세울지 모르나 이 얼마나 어린애같이 유치한 짓인가! 열심한 영혼아, 물어 보건대 그대는 왜 이러한 신심행위를 하겠다는 말인가? 하느님을 기쁘게 해드리기 위해서? 그렇다면 하느님은 이런 신심행위나 기도를 원하시지 않는다는 것을 깨닫고 그 뜻을 따라가는 것이 훨씬 더 하느님을 기쁘게 해드린다는 것을 잊지 말아야 할 것이다. 하느님께서는 그대가 이 고통을 겪기를 원하신다. 그러기 때문에 이 고통을 너에게 보내 주신 것이다. 그러니 그대의 고통을 우리 주님의 고통에 합하여라. 혹 그대는 다음과 같이 항변할지 모른다.

"아, 그게 아니라 제가 아프지 않기를 바라는 것은 저의 동료 수사님들과 이 수도원에 폐를 끼치지 않게 하기 위해서입니다. 생각해 보십시오. 제가 앓고 누워 있으면 남들에게 얼마나 짐이 되는지 모릅니다."

이러한 생각이라면 걱정할 것이 없다. 그대의 장상들도 이미 그대가 아파 누워 있는 것이 결코 꾀병이나 게으름에서 오는 것이 아니고, 그것이 하느님의 섭리에 의한 것이라는 것을 알고 있으니 말이다. 정말이지 얼마나 많은 변명과 항변과 낙심 등이 하느님 사랑에서 오는 것이 아니라 자기 사랑에서 오는 것인지 모른다. 얼마나 많은 구실이 하느님의 뜻을 빠져 나가려는 교묘한 수단인지 모른다. 그대는 진정 하느님을 기쁘게 해드리고 싶은가? 그렇다면 그대가 병상에 누워 있게 되거든 이 한 마디의 기도를 바쳐라.

"주님의 뜻이 이루어지소서."

그리고 이 기도를 되풀이 하고 마음 속 깊은 곳에서 진정으로 그렇게 원하라.

이러한 행위가 다른 신심행위나 극기행위보다 값시게 더 하느님을 기쁘게 해드리는지 모른다. 하느님의 거룩하신 뜻을 기쁜 마음으로 받아들여 간직하는 것보다 더 훌륭한 성덕은 없다. 아빌라의 요한 성인은 자기를 따르는 신부 한 사람에게 다음과 같은 글을 보냈다.

"사랑하는 친구여, 그대가 병이 나으면 무엇무엇을 하겠다고 계획하지 말게. 하느님이 원하시는 만큼 아픈 상태로 머물러 있게. 그대가 하느님의 뜻을 찾아 따르려고 한다면 성한 것과 아픈 것이 무슨 상관인가? 성한 것도 하느님의 뜻, 아픈 것도 하느님의 뜻일 바에야."

이 성인의 말은 완전히 옳고 진실이다. 하느님은 우리가 해내는 일의 성과를 가지고 기뻐하시는 것이 아니라 우리가 우리의 뜻을 버리고 완전히 당신의 뜻에 합치는 것을 기뻐하시기 때문이다. 이와 같은 맥락에서 프란치스코 살레시오 성인도 우리가 고통을 주님께 봉헌하는 것이 멋지게 일을 해서 빛나는 성과를 봉헌하는 것보다 낫다고 했다.

우리가 아플 때 정확한 진단이나 완전한 치료법이 없는 경우가 흔히 있다. 의료시설의 혜택을 손쉽게 받기 어려운 때도 있다. 또 의사가 진단을 하기 힘든 병도 있다. 그래서 원인을 찾지 못하고 치료를 할 수 없기 때문에 계속 병에 시달리며 고통스러운 나날을 보내야 할 때가 있다. 이럴 때에는 우리의 뜻을 하느님의 뜻에 합치면서 그분의 섭리에 의존해야 한다.

이런 이야기가 있다. 앓는 사람들의 기도에 응답을 잘 해준다는 켄터베리의 성 토마스의 묘소를 한 병자가 찾았다. 그는 자기의 병을 고쳐 달라고 열심히 기도한 결과, 기도의 응답을 받았다. 기뻐서 집에 돌아온 이 사람은 시간이 지남에 따라 생각이 달라졌다.

"혹 내가 아픈 것이 내 영혼의 구원을 위해서 좋은 일이라면 구태여 내가 나아질 필요가 어디 있나? 내가 병자의 몸으로 있으면서 내 영혼을 구할 수 있다면 차라리 아픈 것이 낫지 않은가?"

"지극히 인자하신 성 토마스여, 제가 당신의 전구로 아픈 몸이 성해진 것은 감사합니다. 그러나 만일 제가 아파 고통을 당하는 것이 저의 영혼을 구하는 데 유익이 된다면 저의 치유를 거두어 가도록 하느님께 전구해 주십시오."

이리하여 그는 다시 아픈 몸이 되었지만, 이제는 고통스러운 것이 온전히 하느님의 뜻이라는 것을 깨닫고 만족한 생활을 이어 나갔다고 한다.

이와 비슷한 일화가 또 하나 있다. 한 번은 눈먼 장님이 있었는데, 베다스토 성인에게 기도하여 눈이 밝아졌다. 그 후 면밀히 관찰해 보니 자기가 눈이 밝아짐으로 말미암아 여러 가지 세상사에 얽매이게 되고, 그 때문에 영혼 구원에 큰 장애가 된다는 것을 알게 되었다. 그래서 그는 하늘에 있는 자기 주보성인에게 다시 기도하기를 만일 눈뜨고 죄짓는 것이 눈멀고 구원되는 것보다 못하다면 다시 눈을 멀게 해달라고 했다. 그랬더니 그가 바라는 그대로 기도의 응답을 받아 그는 다시 눈이 멀게 되었다는 이야기다.

그러므로 병으로 고통 당하는 문제에서는 낫기를 바랄 것도 아니요 더 아픈 것을 바랄 것도 아니다. 다만 우리를 완전히 포기하고 하느님의 뜻에 모든 것을 맡겨야 한다. 그래야만 하느님께서 원하시는 대로 우리에게 필요한 조치를 취해 주신다. 한편 우리가 꼭 건강해지기를 원한다면 그렇게 기도는 하되, 다만 우리를 하느님의 뜻에 온전히 의탁한다는 전제를 두고, 우리가 건강해지는 것이 반드시 영혼의 구원에 도움이 되면 건강을 주시라는 조건부 기도라야 한다. 그렇지 않다면 우리의 기도는 문제가 있는 기도이고 그런 기도는 응답을 받지 못할 것이다.

하느님이 우리의 이기심을 채우기 위한 기도는 듣지 않으시기 때문이다.

병고는 우리 영성생활의 시금석이라고 할 수 있다. 왜냐하면 병고는 우리의 성덕이 진짜인지 가짜인지를 나타내 주는 시험지 역할을 해주기 때문이다. 만일 그대의 영혼이 병고로 인해 흔들리는 일 없이 꿋꿋하고 슬퍼하거나 실망하는 일이 없고, 성급히 치료되기를 조바심하며 안절부절못하기보다 오히려 모든 것을 편안한 마음으로 의사와 그대의 장상에게 일임하고, 조용하고 숙연하게 하루하루를 지내면서 하느님께 모든 것을 맡긴다면 이는 분명히 그대의 성덕이 확고한 기반에 서 있다는 증거이다. 한편 고통에 대해 불평을 늘어놓는 사람의 경우는 어떠한가? 그는 사람들이 자기에게 관심을 쏟지 않는다고 투덜거린다. 자기의 아픔은 견디기 어렵다고 한다. 의사들도 제대로 자기 병을 알아 내지 못한다고 하며 하느님의 손길이 자기에게 너무 가혹하다고 넋두리를 한다. 프란치스코회의 보나벤투라 성인이 프란치스코 성인에 관하여 한 이이야기는 상기할만하다. 어느 때인가 프란치스코 성인의 병세가 나빠져서 성인이 몹시 큰 고통을 겪게 되었다. 성인을 간호하던 수사 한 사람이 보다 못해서 동정어린 말로 성인에게 여쭈었다.

"참 하느님도 무심하시네. 사부님, 하느님의 손이 사부님께 너무 심하신 것 같습니다. 하느님께 좀 부드럽게 해주십사고 기도하시면 어떻습니까?"

이 이야기를 듣던 성인은 벌떡 일어나면서 정색을 하고 말했다.

"사랑하는 형제여. 지금 뭐라고 말했습니까? 형제가 지금 한 말은 비록 간단하게 입 밖에 내놓은 말이지만 그 결과가 얼마나 심각한지 알기나 합니까? 형제는 자기도 모르는 사이에 성급히 하느님의 섭리를 심판한 것이고 거룩하신 하느님의 뜻을 배반하라고 한 말이 아닙니까? 나는 다시는 형제를 안 보렵니다."

그러면서 병으로 쇠약해진 몸을 일으켜 바닥에 내려와 무릎을 꿇고 마룻바닥에 입을 맞추면서 이렇게 기도하는 것이었다.

"하느님 아버지, 저는 당신께서 주시는 이 고통에 감사합니다. 혹 당신이 원하신다면 이보다 심한 고통을 보내 주십시오. 부족한 제가 당신께 간구합니다. 당신이 기쁘시다면 그 기쁨을 저를 위해 아끼지 마시옵소서. 저의 기쁨이란 오로지 당신의 뜻이 저에게서 이루어지는 것뿐입니다."

6 / 영혼의 황폐

▼

우리는 자신을 위해 영성적이거나 물질적인 면에서 도움이 되는 사람을 잃을 때가 있는데, 이런 때에 이것을 하느님의 거룩한 뜻으로 보는 눈을 가져야 한다. 성덕을 쌓았다는 사람 중에 더러는 이러한 점에 부족한 경우를 본다. 우리가 영성적으로 거룩하게 되는 것은, 영적 지도자로부터 연유되는 것이 아니고 하느님께로부터 나온다는 것을 잊어서는 안 된다. 하느님께서 우리에게 영적 지도자를 보내 주신 것은 그 영적 지도자를 우리의 선익을 위해 쓰라고 하신 것뿐이다. 그러므로 만일 하느님이 우리에게서 영적 지도자를 거두어 가신다면, 그것은 분명 우리의 선익을 위해서 그렇게 하시는 것이므로 우리는 슬퍼하거나 당황하지 말고 조용하게 하느님에 대한 믿음을 한층 더 깊게 하면서 그 좋으신 뜻을 헤아리도록 해야 한다. 그리고 이렇게 말할 수 있어야 한다.

"주님, 당신께서 저에게 훌륭한 지도자를 보내 주시어 저를 도와 주셨나이다. 이제 당신의 뜻이 있어 그를 거두어 가셨습니다. 감사합니다. 주님의 뜻은 찬미받으소서. 다만 당신께서 저에게 이제 어떻게 해야 하는지를 가르쳐 주십시오."

이런 식으로 우리는 하느님이 보내 주시는 십자가를 받아야 한다. 반면에 "이러한 고통은 저에게는 하나의 형벌이나 다름이 없습니다."라고 항변할지 모른다.

이에 대해 나는 말한다.

"이 세상에서 하느님이 보내 주시는 채찍은 오히려 은총이고 유익한 일이 아닌가!"

우리가 하느님께 지은 죄는 이 세상에서 보속하든지, 아니면 저 세상에서 보속하든지 보속을 해야 하지 않은가? 그렇다면 아우구스티노 성인의 기도가 내 기도가 되어야 할 것이다.

"주님, 여기를 잘라 내고 저기를 태워 버리고 하여 저를 이 세상에서 아끼지는 마시고 대신 저 세상에서 영원히 보존해 주십시오."

그리고 욥처럼 "이것이 내게 위로가 되어 모진 고통 속에서도 기뻐 뛰련마는."(욥 6, 10)이라고 말할 수 있어야 한다. 우리는 죄로 말미암아 분명히 지옥을 벗어나지 못하겠지만 이 세상에서 지금의 고통을 겪음으로 인하여 저 세상에서 당할 지옥 벌을 면한다고 생각하면 얼마나 마음이 가벼워지는가? 그렇다. 하느님께서 나에게 형벌을 보내 주신다면 그런 대로 형벌을 달게 받고 "그분은 주님이시니, 당신 보시기에 좋으실 대로 하시겠지."(1사무 3, 18)라고 그분의 뜻에 응답하자.

영혼이 암흑현상에 들어간다 해도 바로 그때가 하느님의 뜻을 조용히 찾아야 하는 때이다.

사람이 영성생활을 시작하면 초기에 하느님이 엄청난 은총을 내려 주시어 영혼은 황홀해지기도 하고 많은 위안을 받기도 하는 경우가 있는데, 이것은 우리를 세상으로부터 멀어져 가게 하기 위한 하느님의 배려에서 오는 것이고 영성생활이 어느 정도 진보되면 하느님은 그 사람을 시험해 보기 위해 그 따뜻한 손을 거두어 가신다. 이렇게 하여 하느님은 그 사람이 과연 하느님의 초기 환영과 계속적인 위로 없이도, 아무것도 요구하지 않고 바라지도 않으면서 계속 당신을 사랑하고 순명하는가를 알고 싶어하시는 것이다.

데레사 성녀는 말한다.

"이 세상에서 우리의 몫은 하느님을 즐기자는 것이

아니고 그분의 거룩한 뜻을 행하는 데에 있다."

"하느님에 대한 사랑이란 그분의 따뜻한 온정을 경험하는 데 있지 않고 오히려 굳은 결심과 겸손으로 그분에게 시중을 드는 데 있는 것이다."

"하느님의 진정한 애인들은 영혼이 황폐하고 유혹이 심할 때에 발견된다."

영혼이 하느님의 사랑스러운 은총을 경험할 때 하느님께 감사함은 당연한 일이다. 그러나 영혼이 버림받고 황량해졌을 때에도 하느님께 대들지는 말아라. 이 점은 매우 중요하다.

왜냐하면 영성생활을 하다가 특히 초기에 영혼의 고갈 상태를 맛보는 수가 있는데 이럴 때 자칫하면 하느님이 자기를 버렸고 영성생활은 자기에게 맞지 않는다고 판단하여 중도에서 기도생활을 중지하고 마는 사람들이 있기 때문이다. 이렇게 되면 그때까지 닦아 얻은 여러 덕행이 다 없어지고 말거나 영성생활에서 탈락하고 마는 수가 있다. 영혼의 황폐 상태야말로 하느님께 의지하고 하느님을 믿고 그분의 뜻을 헤아리는 훈련을 할 수 있는 가장 좋은 시기다. 나는 그대가 겪는 아픔을 이해한다. 그대는 하느님의 현존을 전혀 의식할 수 없게 되고 그대의 영혼은 내팽개쳐진 어린애와 같이 허무하게 되어 슬피 울게 될지 모른다. 우리 주님께서도 이러한 슬픔을 맛보시지 않았던가.

"저의 하느님, 저의 하느님, 어찌하여 저를 버리셨습니까?"(마태 27, 46)

그리고 주님은 "그러나 제가 원하는 대로 하지 마시고 아버지께서 원하시는 대로 하십시오."(마태 26, 39) 하고 하느님의 뜻에 따르신 것을 기억해야 한다. 우리의 영혼도 고통 중에 있을 때, 이와 같이 하느님의 뜻에 합쳐야 한다. 여러 성인들도 한결같이 영혼의 황폐와 버림받음을 맛보았다.

베르나르도 성인도 슬피 외쳤다.

"아, 내 마음이 영적인 일에 왜 이토록 둔감한가! 아무리 성스러운 책을 읽어도 소용이 없고 아무리 묵상을 해도, 아무리 기도를 해도 도움이 안 되네!"

이처럼 많은 성인들도 영혼의 황폐를 경험했고 따뜻한 감각적인 경험은 매우 예외적인 일이었다. 더러 감각적인 따뜻함을 맛보는 경우가 있기는 하지만 이러한 현상은 하느님께서 아직 그것을 경험해 보지 못한 영혼이 성화를 향하여 발길을 멈추지 않도록 마련하시는 배려이다. 그러나 진정 우리에게 상급을 마련해 두신 것은 이 세상에서가 아니라 저 세상의 기쁨과 행복이라는 것을 잊어서는 안 된다. 이 세상은 우리의 노고의 대가로 점수를 얻는 곳이고 하늘나라는 그 점수를 가지고 보상과 행복을 얻는 곳이다. 그러므로 성인들은 이 세상의 감각적인 평온과 기쁨을 추구하는 대신, 고난과 극기로 단련된 굳은 영혼의 열정을 추구했다.

아빌라의 요한 성인은 말했다.

"아, 하느님의 뜻을 헤아리며 영혼의 고갈상태와 유혹을 견디어 내는 것이 하느님의 뜻을 헤아림 없이 기도를 통하여 얻어지는 황홀경보다 얼마나 나은 일인가!"

혹 그대는 말할지 모른다.

"예, 제가 겪고 있는 이 영혼의 고갈상태가 하느님이 저의 영성생활의 선익을 위하여 보내 주시는 거라는 확신이 있기만 한다면 얼마든지 견디어 낼 수 있지요. 그런데 저는 그것이 저의 노력 부족을 보시고 하느님께서 내리시는 책벌이라는 의식 때문에 지옥 같은 고민을 하고 있거든요. 사실 제가 할 수 있는 노력은 다 한 셈인데, 어째서 이런 영혼의 고갈을 맛보아야 하는지 모르겠습니다."

그래? 사실이 그렇다고 치자. 그렇다면 무엇을 해야 옳겠는가? 그야 말할 것도 없이 좀더 힘써서 기도와 수련에 노력을 기울여야 할 것이다. 영혼의 건조 상태는 영성생활의 진보를 위하여 누구나 겪는 하나의 주기적 현상이고, 그것을 미리 알면서 노력을 계속하여 그 고비를 넘기기만 하면 되는 것을 공연히 낙담하고 기도를 중도에서 포기하거나 게을리 한다면, 그것은 이중으로 영성생활에 피해를 주는 결과를 가져온다는 것을 잊지 말아라. 이 영적 건조가 그대의 게으름을 책망하시려고 내리신 벌이라고 치자. 그것도 하느님께서 보내시는 것이 아니겠느냐? 그렇다면 영혼의 건조 상태를 하나의 양념이라도 되는 것처럼 받아들이고 그대의 뜻을 하느님의 뜻에 합쳐라. 방금 그대는 지옥에 떨어질 자격밖에는 없다고 말했다. 그런데 그대는 지금 그런 자격에 대해 불평을 하고 있다. 자기 분수에 넘치게 하느님께서 위안을 보내 주시지 않는다고? 이러한 생각은 모두 없애 버리고 하느님의 섭리 아래 인내의 성덕을 실천하라. 다시 한 번 힘을 내어 기도하는 의무를 시작하고 처음에 가졌던 열정으로 목표하는 길을 걷도록 하여라.

그리고 앞으로는 이러한 현상에 대하여 아무런 두려움을 가지지 말고 오히려 내 겸손이 부족하고 내가 하느님의 뜻에 온전히 합하지 않았다는 것을 두려워하여라. 그리하여 하느님의 섭리에 모든 것을 맡긴 채 "오, 주님, 당신께서 보내 주신 이 책벌을 저는 기꺼이 받겠으며 그것이 당신을 기쁘게 해드린다면 얼마든지 견디어 내겠습니다. 제가 이러한 고통을 겪는 것이 당신의 뜻이라면 이 영혼의 황폐상태가 영원히 계속된다 해도 저는 만족하겠습니다."라고 해야 할 것이다. 이러한 기도가 얼마나 어려운 일인지 모른다. 그러나 그것이 달콤한 감각적인 위로보다도 훨씬 더 유익하다. 영혼의 황폐상태가 반드시 책벌은 아니라는 것을 분명히 알아 두어야 한다. 왜냐하면 때때로 영혼의 황폐감이 우리의 영성을 한층 높은 차원으로 이끌어 올리고 나를 겸손하게 만드시기 위한 하느님의 섭리이기 때문이다.

바오로 사도는 자기가 받은 특은이 헛되이 될까 봐

하느님이 그를 심한 유혹으로 몰아붙였다고 말한다.

"그 계시들이 엄청난 것이기에 더욱 그렇습니다. 그래서 내가 자만하지 않도록 하느님께서 내 몸에 가시를 주셨습니다. 그것은 사탄의 하수인으로, 나를 줄곧 찔러 대 내가 자만하지 못하게 하시려는 것이었습니다."(2코린 12, 7)

감각적인 신심 기도는 그다지 커다란 가치가 없다.

"식탁의 친교나 즐기는 친구도 있으니 그는 네 고난의 날에 함께 있어 주지 않으리라."(집회 6, 10)

식탁에 같이 앉아 있다고 다 진정한 친구가 되는 것은 아니다. 그대가 도움이 꼭 필요할 때에 이익을 생각하지 않고 도와주는 사람이라야 진정한 친구라 할 수 있다. 하느님께서 그대에게 영혼의 어두움과 황폐감을 맛보게 하실 때에 진정한 친구를 알게 된다.

「사막 교부들의 생애」를 써낸 펠라지오는 수도생활을 하는 동안 심한 영혼의 메마른 상태를 맞이했을 때, 자기의 고민을 수도원장 마카리오에게 호소하며 도움을 청했다. 이 성스러운 수도원장은 다음 같은 조언을 해주었다.

"그대가 메마르게 느껴지고 기도하는 것이 시간의 낭비처럼 생각될 때 이렇게 하시오. '자, 내가 더 이상 기도할 수가 없으니 여기 내 방에서 하느님의 사랑을 기다리는 것에 머무르는 것으로 만족하자.'라고 말입니다."

신실한 영혼이여, 만일 그대도 기도에 아무런 발전이 없어 보이고 기도를 포기해야겠다는 생각이 들거든, 위의 이야기처럼 해보시오. 그리고 "나는 여기를 떠나지 않으리라. 그것은 다만 하느님을 기쁘게 해드리기 위해서지."라고 마음먹고 그대로 행하시오.

프란치스코 살레시오 성인은 일찍이 말하기를 "만일 우리 기도가 그저 분심과 유혹을 물리치는 일 이외에 하는 것이 없다면 그것은 훌륭한 기도이다."라고 했다.

타울라도 말하기를 "영혼의 고갈상태에서 지속적으로 기도를 계속하는 것은 감각으로 무엇인가 느껴가며 하는 기도보다 커다란 은총을 받게 될 것이다."라고 했다.

로드리게스 성인은 40년간 영혼의 메마름에도 불구하고 기도를 인내롭게 한 사람은 결국 커다란 영적

강인함을 체험했다고 예를 들었다. 그는 영적 메마름으로 인해 묵상이 어려워질 때마다 영적으로 나약해지고 선행을 할 수 없음을 느꼈던 것이다.

보나벤투라 성인과 게르손도 말했다.

"묵상할 때에 감각적으로 무엇을 느껴야만 제대로 되는 것이라고 생각하는 사람이 있다. 그러나 사실은 그런 감각적인 느낌 없이 기도하는 편이 하느님께 더 커다란 봉헌이 된다는 것을 알아야 한다. 왜냐하면 아무런 감각 없이 기도를 지속함으로써 그 사람은 자기가 부족하다는 것을 알고 자기를 낮출 줄 알게 되며 겸손하게 되어 더욱 열심히 기도하게 되기 때문이다. 기도 중에 감각적으로 무엇인가를 느끼게 되면 그런 감각이 자칫, 그 사람을 허영에 들뜨게 만들고 자기가 성덕의 최고의 경지에 도달한 것처럼 느낀 나머지, 교만해지고 게을러져서 파멸의 길로 치닫게 되는 수가 있기 때문이다."

앞에서 말한 영혼의 고갈상태는 우리를 유혹에 빠지게 한다. 예를 들면 우리가 믿음에 대하여, 혹은 순결에 대하여, 또는 기타 수덕생활의 여러 가지 면에서 유혹을 받게 될 때에 우리는 그러한 유혹을 단호하게 물리쳐야 하겠지만 만일 그러한 시련을 우리에게 주시는 것이 하느님의 뜻이라면, 우리는 공연히 실망하고 슬퍼할 것이 아니라 하느님께 온전히 자신을 맡기고 그분의 뜻을 따르는 순명의 덕을 실천해야 할 것이다.

바오로 사도도 자만에 대해 심한 유혹을 받았을 때 하느님께 유혹으로부터 해방시켜 주십사 하고 애원하였다. 그러나 하느님께서 그에게 "너는 내 은총을 넉넉히 받았다."(2코린 12, 9)라고 응답하셨다. 그러므로 우리가 심한 유혹의 희생물이 되고 있을 때라도, 하느님께서 우리의 호소에 귀를 막고 계신 것처럼 느낄지라도, 바오로 사도의 모범을 따라 다음과 같이 기도해야 한다.

"주님, 불쌍한 저에게서 당신의 뜻을 이루소서. 당신의 은총이 이미 제게 충분하오니 당신께서 원하시는 대로 저를 이끄소서. 다만 한 가지 저에게서 당신의 은총을 거두지만 마시옵소서."

유혹에 내맡기는 행위는 하느님의 은총을 잃는 행위이다. 유혹을 물리치는 행위는 우리를 겸손하게 만들고 더 큰 선익을 가져다주며 하느님께 더욱 가까워

지게 한다. 그리하여 우리가 하느님을 거역하는 일없이 그분의 거룩한 뜻에 좀더 밀접하게 합칠 수 있게 된다.

　마지막으로 우리의 죽음에 대해서도 하느님의 뜻을 생각해 보아야 한다. 죽음의 때와 그 방법에 대하여 생각해 보자. 어느 날 제르트루다 성녀가 산길을 걷다가 발을 헛디뎌 낭떠러지에 떨어지는 바람에 동행하던 다른 수녀들이 도와서 성녀를 구출해 냈다. 그런 다음에 수녀들이 성녀에게 낭떠러지에 떨어지면서 죽음에 대한 두려움이 없었는지 또 죽기 전에 병자성사를 받지 못하고 죽는 것에 대하여 두려움은 없었는지 등의 질문을 하자. 성녀는 대답을 하였다.
　"물론 죽기 전에 성사를 받고 마음에 거리낌없이 죽음을 맞이하는 것을 바라고 그렇게 하는 것이 바람직하지요. 그러나 나에게는 그보다 하느님의 뜻이 중요합니다. 내가 죽을 때에 가장 행복하게 죽는 법은 하느님의 뜻에 가장 온전히 나를 맡기는 것뿐이지요. 그러므로 하느님께서 나에게 어떠한 죽음을 주시더라도 나는 그러한 죽음을 바랄 뿐 다른 소원은 없습니다."

여기에 그레고리오 성인의 「대화록」이라는 작품 중에서 어느 신부에 대한 이야기를 인용할까 한다. 산톨로라는 이름을 가진 신부의 이야기인데 이 신부가 반달족(게르만 족속으로 서기 455년경에 로마를 점령하고 스페인 지방을 휩쓸었음)에게 붙잡혀 가서 사형선고를 받았다. 이들 반달족 군인들은 산톨로 신부에게 물었다.

"어떤 방식으로 사형을 받겠느냐? 네가 선택해라."

"나는 하느님의 손 안에 있는 사람이다. 하느님께서 내가 어떠한 방식으로 죽기를 원하시든지 나는 관계없다. 하느님이 뜻하시는 대로 어떤 방식이든 달게 받겠다."

이런 호소가 얼마나 하느님을 기쁘게 했던지, 그는 기적적으로 참수 집행자의 손을 벗어나 살게 되었다. 그것은 이 반달족의 군인들이 신부의 의연한 태도에 크게 감화를 받아 그를 놓아 준 까닭이었다. 그러므로 우리가 죽음을 맞이할 때 오로지 하느님이 원하시는 가장 좋은 방식으로 우리를 죽게 해달라고 기원하면서 하느님의 뜻을 받아들여야 할 것이다. 우리가 죽음을 생각할 때 이러한 기도가 나와야 할 것이다.

"오 하느님, 저는 한 가지만을 바랍니다. 그것은 제

영혼을 구해 주시라는 것뿐, 어떠한 방식으로 죽음을 주시던 그것은 모두 당신의 뜻에 맡기나이다."

 죽음이 다가왔을 때 우리의 뜻을 하느님의 뜻에 합치는 것은 대단히 중요한 일이다. 이 세상이란 늘 고통의 연속이 아닌가? 유혹이 끊임없이 우리를 괴롭히고 항상 하느님과 멀어지는 위험을 안고 사는 세상이 아닌가? 다윗 임금도 하느님께 호소하였다.
 "저들이 쳐 놓은 덫에서, 나쁜 짓 하는 자들의 올가미에서 저를 지키소서."(시편 141, 9)
 데레사 성녀도 하느님을 잃는 위험성에 대하여 늘 고민했는데 그는 시간을 알리는 종소리가 날 때마다 기도했다.
 "아! 이제 하느님과 떨어지지 않고 한 시간이 지났구나. 이제 돌아오는 한 시간도 하느님과 떨어지는 일 없이 지나게 해주소서."
 같은 맥락에서 아빌라의 요한 성인도 말했다.
 "세상에는 하느님과 멀어지는 위험이 너무나도 많기 때문에 많은 의인들은 하느님과 멀어지는 것보다 하느님의 은총이 떠나기 전에 죽음을 바랐다."

잘 생각해 보라. 참으로 사람이 하느님의 은총 안에 있으면서 훌륭한 죽음을 맞는 것보다 바람직하고 기쁜 일이 어디에 있겠는가? 우리가 오래 살면 살수록 하느님의 은총을 잃어버릴 위험도 비례적으로 많아지는 것이 아니겠는가? 그대가 만일 모든 죄를 고해하고 하느님의 은총 아래 있을 때 당장에 하느님의 부르심을 받아 이 세상을 떠난다고 가정해 보자. 그 얼마나 순결한 상태로 맞는 죽음인가? 더 오래 삶으로써 혹 대죄에 빠지지 않는다고 누가 장담할 수 있겠는가? 비록 대죄에 빠지지는 않는다 해도 소죄를 전혀 안 짓고 살기란 극히 어려운 일이 아니겠는가?
　"왜 우리가 그다지도 목숨에 대한 애착을 가져야 하는가? 오래 살면 살수록 우리는 더 많은 죄를 짓게 되는 것이 아니겠는가?"
　이것은 베르나르도 성인이 한 말이다. 아무리 훌륭한 일을 많이 해냈다 하더라도 한 가지의 적은 소죄가 하느님을 불쾌하게 한다.

　하늘나라를 열망하지 않는다는 것은 하느님을 사랑하지 않는다는 증거이다. 진정으로 사랑하는 사람들은 서로 같이 있기를 열망한다. 우리가 이 세상에 있는 동안에는 하느님을 볼 수가 없다. 그러므로 많은 성인들은 세상을 떠나기를 갈망했다. 그래야만 저 세상에 가서 사랑하는 하느님과 얼굴을 맞대면서 애인을 만나듯이 하느님을 만날 수 있기 때문이었다.

아우구스티노 성인도 한숨 지으며 말했다.

"오, 하느님, 제가 죽어서 당신의 그 아름다운 얼굴을 마주 대할 수 있었으면!"

또 바오로 사도도 "나의 바람은 이 세상을 떠나 그리스도와 함께 있는 것입니다. 그편이 훨씬 낫습니다."(필립 1, 23) 시편 저자도 "제 영혼이 하느님을, 제 생명의 하느님을 목말라합니다. 그 하느님의 얼굴을 언제나 가서 뵈올 수 있겠습니까?"(시편 41, 3)라고 읊지 않았던가?

어느 날 사냥꾼 한 사람이 숲 속에서 매우 아름다운 목소리를 가진 남자의 노랫소리를 들었다. 그 소리를 따라 숲 속으로 들어가 보니 그 노래의 주인공이 거기에 있는데, 자세히 보니 아주 보기 흉하게 일그러진 손과 얼굴을 가진 한 나병환자였다. 사냥꾼이 말을 건넸다.

"보아 하니 나병으로 고생하는 사람 같은데, 어쩌면 그렇게도 행복하게 고운 목소리로 노래를 부르시오?"

"아, 친애하는 친구여, 사실 당신 말대로 나는 나병 환자요. 그것도 말기가 다 되어 이제 죽을 날이 멀지 않았다오. 지금 내 몸은 무너지는 울타리에 지나지 않소. 그리고 이 울타리만이 나를 하느님과 떼어 놓는 유일한 장벽이오. 이 장벽이 무너지면 그때에는 내가 하느님께 가게 된다오. 이제 남은 시간이 얼마 안 된다는 것을 나는 아오. 그러기 때문에 이처럼 매일 목소리를 높여 가며 하느님께 내가 얼마나 행복한지를 노래로 아뢰고 있다오."

마지막으로 우리는 은총의 정도와 영광에 관하여 어떻게 하느님의 뜻을 실천해야 하는가에 대하여 한마디 해야겠다. 우리가 하느님께 영광이 되는 일을 존중해야 하는 것은 당연한 일이다. 그러나 하느님께 영광이 되는 일을 위해 열심히 일하는 것보다 중요한 것은 하느님의 뜻을 실천하는 일이다. 우리가 무엇보다도 하느님을 사랑해야 한다는 것은 당연한 일이다. 그런데 하느님에 대한 우리의 사랑은 하느님께서 각자에게 기대하는 정도가 따로 있고 그 이상을 벗어나지 않는 한도 내의 사랑이어야 되는 것이다.

아빌라의 요한 성인의 말을 빌려 보자.

"모든 성인들은 더 많은 은총 속에 살기를 바라고 살았다고 나는 생각한다. 그러나 이러한 열망이 충족되지 않았음에도 불구하고 그들은 결코 실망하거나 흔들리지 않고 마음은 늘 고요했다. 왜냐하면 그들이 바라는 것보다 큰 은총은 자신의 선익을 위해서가 아니라 하느님의 선익을 위한 것이었기 때문이다. 성인들은 자기가 받은 은총에 늘 만족하며 살았고 하느님이 주시는 은총을 그분의 뜻으로 알고 살았다."

로드리게스 성인의 말대로 우리는 완전을 목표로 삼고 열심히 노력해야 한다. 우리의 게으름이나 늘어짐이 하나의 구실을 마련하는 일이 없어야 한다. 더러 "이제 나는 내가 할 수 있는 일은 다 했어. 더 이상 나는 할 수가 없어. 이제 남은 것은 하느님께서 도와 주셔야 하는 것뿐이야."라고 한탄하는 경우가 생긴다. 분명히 이러한 막다른 상황은 실망스러운 일이다. 그렇지만 이렇게 궁지에 몰린다 해도 결코 실망해서는 안 된다. 딱한 사정에 처하게 되는 것도 다 하느님의 뜻에 따른 것이니 당황하지 말고 용기를 내어 조용히 그분의 뜻을 헤아려야 할 것이다. 실망 대신 나를 겸손 되이 낮추고 하느님의 더 크신 도우심을 기다리며 영성생활의 고속도로를 달려야 할 것이다. 한편 우리는 하늘나라에서 천사들의 반열에 들기를 바라야 한다. 그것은 나 자신의 영광을 위해서가 아니라 하느님의 영광을 위한 것이어야 하고 하느님을 사랑하기 위한 것이어야 함은 물론이다. 또 하느님의 영광을 위한 것이라 해도 하느님의 뜻을 실천하는 범위를 벗어나지 않아야 한다는 것을 잊어서는 안 된다.

기도생활에서 초자연적인 선물, 즉 탈혼상태에 들어가는 것, 계시를 받는 일, 무엇인가를 환상으로 보는 일 등을 기대하는 것은 큰 잘못이다. 깊은 영성생활의 스승들의 말에 따르면, 기도를 통하여 이러한 초자연적 현상이 자기에게 일어난다 하더라도 자기는 하느님께 이런 특은을 빼앗아 달라고 기도한다는 것이다. 이러한 초자연적 선물은 순수한 하느님 사랑과 참다운 믿음에 방해가 되기 때문이고 안정감 없는 신앙생활이 되기 때문이라고 한다. 많은 성인들 중에는 이러한 초자연적 선물 없이도 완덕에 이른 사람들이 얼마든지 있다.

성덕 중에 우리를 성화시키는 완전한 성덕은 무엇인가? 그것은 하느님의 뜻에 우리의 뜻을 합치는 성덕이다. 하느님께서 우리를 완덕과 영광으로 올려 주시지 않으신다면 그런 대로 우리의 뜻을 그분의 뜻에 맞추어 그분의 자비를 빌고 자기 영혼의 구원을 허락해 주십사 하고 기도하라. 우리가 이와 같이 하느님의 뜻을 따른다면 하느님으로부터 받을 상급이 크다는 것을 잊지 말자. 하느님께서는 당신의 뜻에 모든 것을 맡기는 사람을 사랑하시기 때문이다.

"식탁의 친교나 즐기는 친구도 있으니
그는 네 고난의 날에
함께 있어 주지 않으리라."
—집회 6, 10

7 / 결론

▼

결론적으로 나는 우리가 현재 겪고 있는 일, 또는 미래에 닥쳐올 일을 비롯한 모든 일들이 하느님께로부터 온다는 생각을 해야 한다고 강조한다. 우리가 하는 모든 일을 이러한 정신으로 분별하고 결론지어 하느님의 뜻을 실천하는 것을 우리의 유일한 목표로 삼자는 것을 강조하는 것이다. 이러한 영성생활의 길을 좀 더 안전하게 걷기 위해서 우리의 외적 문제에서는 장상의 인도를 받고 내적인 면에서는 영적 지도자의 지도를 받아야 할 것이다. 그들 장상의 지도를 통하여 하느님의 뜻이 무엇인지 배우게 되는 것이니, 주님께서 제자들을 파견하시며 하신 말씀, "너희 말을 듣는 이는 내 말을 듣는 사람이다."(루가 10, 16)라는 말씀에 굳건한 믿음을 가져야 한다.

무엇보다도 하느님을 섬기는 데에 중요한 것은 그분이 나에게 허락하시는 환경 속에서, 그분이 나에게 주시는 방식대로 섬겨야 한다는 점이다. 이 점을 강조하는 이유는 가끔 공연한 꿈만을 꾸며 시간을 낭비하는 사람들이 있어 이들을 경고하기 위해서이다. 이러한 사람들은 구실이 많다. "만일 내가 은수자가 되기만 하면 성인이 될 텐데.", "만일 내가 수도원에 들어가기만 한다면", "만일 내가 친구나 주위에 있는 사람들을 벗어나서 멀리 가기만 한다면 더 좋은 기도를 할 수 있을 텐데." 등의 말을 하는데 이들을 조심하라.

이러한 사람들의 영성생활은 이미 보잘것없는 것이지만 이같은 구실을 통하여 점점 더 나빠질 것이 분명하다. 이처럼 헛된 꿈은 마귀의 유혹이기 일쑤이고 이러한 유혹에 넘어가는 것은 하느님의 뜻에 합하지 않는 행위이다. 그러므로 이같은 허황된 말은 전적으로 무시해 버리고 우리는 오로지 하느님께서 나를 위하여 마련해 주신 길, 유일하게 나에게 주신 길을 따라 성심껏 그분의 뜻을 실천해 나가야 한다. 하느님이 나에게 맡겨 주신 일을 그분이 허락하신 환경 안에서 성실하게 해냄으로써 우리는 성화되는 것이다.

언제나 어떠한 환경 속에서나 하느님의 뜻을 우리의 뜻으로 삼자. 그렇게 하기만 하면 하느님께서는 우리를 어여삐 보시고 당신 품안에 안아 주신다. 하느님의 뜻에 우리를 합치시키는 데 도움이 될 만한 성경 말씀에 친숙해 지도록 하자.

"주님, 제가 어떻게 해야 합니까?"(사도 22, 10)

하느님, 당신이 저에게 바라시는 일이 무엇인지 알려 주십시오. 저는 저의 뜻을 버리고 당신의 뜻에 저의 뜻을 맞추겠습니다.

"저는 당신의 것, 저를 구하소서."(시편 118, 94)

저는 이제 제 것이 아닙니다. 저는 전적으로 당신의 것입니다. 오 주님, 이제 저를 당신의 뜻대로 하십시오.

혹 견디기 힘든 불행이 우리에게 닥쳐온다 하더라도 가령 가족 가운데 한 사람이 죽는다든지, 재물의 손해를 입는다든지 할 때 "그렇습니다, 아버지! 아버지의 선하신 뜻이 이렇게 이루어졌습니다."(마태 11, 26)라고 하신 말씀에 따라 "그렇습니다. 저의 아버지, 저의 주님, 그대로 이루어지소서. 당신 보시기에 좋으시니 저는 그것으로 만족합니다."라고 하자. 무엇보다도 우리는 주님이 가르쳐 주신 기도를 실천하도록 해야 한다.

"아버지의 뜻이 하늘에서와 같이 땅에서도 이루어지게 하소서."(마태 6, 10)

주님께서는 가타리나 성녀에게 말씀하시기를, 그녀가 주님의 기도를 바칠 때마다 언제나 이 대목에 와서 잠시 기도를 멈추고 그 의미를 묵상한 후 하늘에 있는 성인들의 통공을 믿으면서 하느님의 뜻이 이 세상에서 이루어지기를 기도하라고 하셨다. 우리도 성녀에게 내리신 하느님의 분부를 내 것으로 삼고 그것을 실천에 옮기자. 그러면 우리도 틀림없이 성인이 될 것이다.

하느님의 거룩한 뜻은 우리의 사랑과 찬미를 받으소서. 하느님의 어머니 성모 마리아님, 찬미받으소서.